学校学力から生涯学力へ

―変化の時代を生きる―

前田耕司
佐藤千津
〈編著〉

学文社

[執 筆 者]

＊前田　耕司	早稲田大学	〈第1章〉
田中　康雄	渋谷区教育委員会	〈第2章〉
大迫　章史	仙台白百合女子大学	〈第3章〉
金山　光一	都留文科大学	〈第4章〉
＊佐藤　千津	東京学芸大学	〈第5章〉
児玉　奈々	滋賀大学	〈第6章〉
金塚　　基	東京未来大学	〈第7章〉
岩﨑　正吾	早稲田大学	〈第8章〉

（＊は編者，執筆順）

まえがき

　本書は，日本学術振興会 2008～2010 年度科学研究費補助金基盤研究 B（海外学術調査）の交付を受けて実施した「生涯学力形成のメカニズムに関する比較研究」（課題番号 20402056）（研究代表者：佐藤千津　研究分担者：前田耕司，岩﨑正吾，大迫章史，金塚基，児玉奈々）の成果の一部である。
　「生涯学力」とは，前田耕司によって提起された学力の概念であり，「狭義の学校学力とは異なり（その一部は含まれるが），生涯にわたって自己もしくは地域の学習課題に取り組んでいく意欲および自己学習に向かう力」と定義される。前田の発想を出発点とし，学力問題をより広い社会的文脈に据えてその問題構造をとらえてみたいという考えから共同研究を組織した。当初計画では，日本の学力向上政策に及ぼす社会構造的要因を特定したうえでそのインパクトを分析し，諸外国のそれと比較検討することで日本の実態を相対化して考察することをめざした。研究成果の一部は日本国際教育学会や日本学習社会学会，台湾・国立暨南国際大学比較教育学科主催の「東アジア大学院生国際シンポジウムおよび比較教育古典名著フォーラム」（台湾行政院国家科学委員会，台湾高等教育学会，日本国際教育学会後援）において発表してきた。また，日本国際教育学会創立 20 周年記念大会において課題研究として組織された「生涯学力形成のメカニズムに関する比較研究」部会の成果は同記念年報『国際教育学の展開と多文化共生』（学文社，2010 年）に収められている。
　学力をめぐる論議がさかんに行われるなか，編者らは，学力を「生涯学力」形成の観点からとらえることで「学校学力」だけではとらえきれない問題系を明らかにできないかと考えた。学校教育における学力もまた生涯学力の一部を成すものであり，生涯学力形成に向けた広がりをもつような学校教育の実践の可能性も視野に入れたいと思った。

「生涯学力」は，その形成が一個人の学習成果という側面だけではとらえきれないディメンションを有するところに一つの特色がある。それは生涯にわたる諸活動においてさまざまな経験を積み重ねながら，そのプロセスにおいて形成されるべき力であり，個人が社会的に自立していくためには欠かせない要件の一つである。しかも，それは生涯にわたって維持・継続される漸進的な推進力を内包するメカニズムを必要とする。このような考えから，①子どもの社会的実践力，②教師の実践力，③家庭（保護者）の実践力，④地域（の人びと）の実践力，などから構成される実践力を生涯学力形成の規定要因ととらえ，6カ国の文脈において調査することを計画した。日本以外の5カ国はイギリス，オーストラリア，ロシア，カナダ，中国である。これらの国はいずれもいわゆる多文化・多民族国家であり，さまざまな社会的格差問題を内包しているが，この「格差」というファクターが学力をめぐる問題を構造的に把握するうえで欠かせない視角になり得ることも念頭においた。イギリスでいえば，1997年以降，労働党政権下で基礎学力向上のための施策が積極的に展開されてきた。それは一定の成果を上げたといわれるが，イギリス社会の構造的格差問題とかかわって，まだ多くの課題を残している。

以上のような問題意識から，いわゆるグローバル化に伴う学力構造の普遍性と，国・地域という当該の文脈に固有の特殊性を整理しながら，「生涯学力」概念についての検討を試みた。前田の言葉を借りれば，それは「生涯を見据えて学ぶ力，学び続ける意欲を獲得し，そしてその学びを生涯にわたって継続させ，展開させるという，いわば『縦軸』からのとらえ直しによる考察」（第1章）である。

第1章では，「生涯学力」概念の提案者である前田が，その概念を整理したうえで生涯学力形成をめぐる論点や課題を提示する。日本の「学校学力」の概念を問い直す視座を示すとともに，生涯学力形成を志向する学力概念の再解釈を試みる。オーストラリアのジェームズ・ルース農業中等学校をモデルとし，問題解決力や意思決定力，人間関係力の形成基盤となる生徒の社会的な実践

力，さらには自己肯定感の形成について分析を試みる。それらをふまえ，同校の農業教育とリーダーシップ・プログラムを核とする学力づくりから生涯学力形成の日本型モデルを探る。

つぎに，田中（第2章）は，教育行政担当者の立場から，自らも参画した墨田区教育委員会の「開発的学力向上プロジェクト」について検討する。墨田区では，学力調査や学習状況調査によって明らかになった学力問題の背景に存在する諸課題に対応するため，生涯学力概念を取り入れた「学力向上『新すみだプラン』」が展開されている。家庭や地域の力を活かしながら，子どもの社会的実践力や問題解決力の向上がめざされているが，学校においてその学力形成を確認するときには，効果測定が容易な要素に注意が向けられがちであるという大きな課題も指摘される。

大迫（第3章）は，福井県と秋田県の教育委員会による学力向上施策を事例とし，日本における学力向上施策の特徴を生涯学力との関係においてとらえる。地域全体の教育力向上をめざす福井県の福井型コミュニティースクール事業には，生涯学力形成の規定要因の一つである地域の実践力が見いだせる。また，文献からの知識や学力だけでなく，子どもが自身の生活をとおして自らの「ふるさと」を「感動を通して見る」という秋田県の「ふるさと教育」では，子どもの実践力をベースとした自己肯定感や自己学習力形成の可能性が見て取れる。基礎学力がどのような社会的基盤のうえに維持され得るのか，その手がかりが見えてくる。

金山（第4章）は，学校の教師という立場から小学校の総合学習における自らの教育実践を分析し，生涯学力形成にとって重要な「本物の学習課題」をどのように教育活動に位置づけるのかという問いへの答えを探る。「本物」の課題が有する「真正性」については第5章で説明されるが，金山の「水の学習」に即していえば，「水」とは何か，子どもがその概念を学習する過程で，自分が飲む「水」が水源から水道を経由して海にいたるまで，雨，雪，水蒸気と形を変えながら循環することを自身の身近な生活世界との関係で学ぶ。その「真

正性」が「水の大切さを学ぶ」という学習目標に学習のレリヴァンスを付与している。この学習では，金山の校長としてのリーダーシップや実践力が，前述したオーストラリアのジェームズ・ルース校の校長のそれに通じる。教師による働きかけが生涯学力形成につながるプロセスである。

　第5章から第8章は，「生涯学力」に関連する学力観，学力向上のための施策や実践などについて海外の事例を調査・分析した成果である。各国の問題や課題を日本の文脈でどのように解釈し，また日本の教育にどう活かすのか，といった点についても検討を試みる。

　まず，佐藤（第5章）は，生涯学力の中核的要素である「自己学習に向かう力」について，子どもの主体的な学びに注目しながら，その促進要因の検討を試みる。実際の教育活動においてはその形成をどのように支援し促進するのかが大きな課題となるため，イギリスの教育実践を参照しながら，その手がかりを探る。

　つぎに，児玉（第6章）は，カナダにおける学力に関する議論や主要な教育施策・実践を幅広くとらえたうえで，社会参画に向けた活用力，つまり「社会的成功」のための学力という観点から，カナダにおける生涯学力形成要因の抽出を試みる。「多様性国家」として内に多様性を抱えながらも，PISA調査で常に好成績を収め，注目を集めるカナダの教育には固有の社会的背景がある。それを探るとともに移民国家ゆえの新たな課題を指摘する。

　金塚（第7章）は，中国の新しい学力観がどのような生活環境を基盤として受け入れられ，支持されるのかについて，中国広州市で実施した質問紙調査の結果をもとに「素質教育」に注目して分析する。素質教育にかかわる学力観調査から子どもの家庭および学校における人間関係（家族・教師関係）と，子ども自身の生涯学力観の関連性を探る。そのうえで，子どもと家族・教師との連帯や信頼関係が生涯学力形成に及ぼすインパクトを分析する。

　最後に，岩﨑（第8章）は，生涯学力の観点からロシアの学力構想を評価し，知識・技能の習得と，学ぶ意欲・学ぶ力の形成との関係をカリキュラム改

革の事例から探る。「システム・活動アプローチ」を基礎とする「普遍的学習行為」概念を分析し、「普遍的学習行為」と「知識・技能・習熟」の「システム・活動アプローチ」における統合という、そのシステマティックな構造が解説される。さらに、それが教科の学習において具体的にどのように形成されるのかが「自己学習に向かう力」との関係で考察される。

　本書の内容は、共同研究の成果とはいえ、その外廓にはいまだ曖昧な部分があり、研究と思索を重ねる必要があることは承知している。それは偏に研究代表者の未熟さゆえであるが、それでも広くご高覧いただき、ご批正・ご教示をいただければと思い、思い切って世に送り出すことにした。本書は学生の皆さんにも読んでもらいたいと考え、そのための工夫にも努めた。

　最後に、本共同研究の最初の年に研究協力者として参加してくださり、研究会の幹事としても仕事をしていただいた小林誠氏（早稲田大学教育学部助手）に感謝を申し上げたい。

　また、厳しい出版事情のなか、本書の出版をご快諾いただいた学文社の田中千津子社長、三原多津夫専務、並びに本書の編集をご担当いただいた編集部の二村和樹氏には心からお礼を申し上げる。

編者を代表して　　佐藤　千津

目　次

まえがき ………………………………………………………………………………… i

第1章　学校学力から生涯学力へ
―生涯学習社会における学力の再構築― ………………………………… 1

はじめに／生涯学力概念の提起にいたる背景／社会環境の変容と内発的動機づけを意識した授業改革／開発的学力向上プロジェクトから見えてきた日本の学力形成の課題／実践力・意思決定力・人間関係力の育成に取り組む農業中等学校／生涯学力形成の日本型モデル／おわりに

第2章　学力問題と教育行政の課題
―墨田区教育委員会「開発的学力向上プロジェクト」の取り組み― ………… 26

はじめに／「開発的学力向上プロジェクト」導入の経緯とその概要／「開発的学力向上プロジェクト」の取り組み／これまでの「開発的学力向上プロジェクト」による学習状況の変容

第3章　日本における学力向上施策と生涯学力
―福井県・秋田県を事例に― ……………………………………………… 45

はじめに／現代日本の学校教育における学力観／福井県における学力向上施策／秋田県における学力向上施策／おわりに

第4章　学校教育と生涯学力形成
―生涯学力の基盤を形成した「水」の総合学習― …………………………… 62

はじめに／「水」の総合学習の2年間の学習計画（第3，4学年）／生涯学習につながる「水」の総合学習／1年間の総合学習の成果／小学校の総合学習から生涯学習へ

第5章　生涯学力と学習の主体性
―イギリスにおける学習の主体性回復の試み― …………………………… 82

はじめに／「創造的な学び」―イギリスの初等教育実践／学習主体とアセスメント／イギリスの「学習を促進するアセスメント」／学習者による主体的な学びの形成／おわりに―日本の教育への示唆

第6章　多様性社会カナダにおける学力と社会的成功 …………………… 98

多様性社会の学力／カナダでは学力問題がどのように受け止められているか／アルバータ州の教育政策・実践に見る学力観／学力調査と学力観のかかわり／まとめと考察—日本への示唆

第7章　中国における学力政策と学力観 ……………………………… 113

はじめに／生涯学力と中国の「素質教育」／学力観に関する調査／日本への示唆と考察

第8章　生涯学力からみたロシアの学力構想と課題
—カリキュラム改革の現状と問題— ……………………………… 129

学力問題の所在と生涯学力概念の探求／第二世代の国家教育スタンダードの導入経過とカリキュラム改革／普遍的学習行為の概念とシステム・活動アプローチ／教科における普遍的学習行為の形成／おわりに—日本の教育への示唆

索　引 ……………………………………………………………………… 147

第1章
学校学力から生涯学力へ
―生涯学習社会における学力の再構築―

第1節 はじめに

　本稿では,「狭義の学校学力とは異なり（その一部は含まれるが）,生涯にわたって自己もしくは地域の学習課題に取り組んでいく意欲および自己学習に向かう力[1]」を「生涯学力」としてとらえ,「生涯学力」形成に向けた学力づくりが日本の学校教育になぜ必要とされるのか,またそうした学力を形成する規定要因は何か,PISA型学力観との対比の視点も交えながら考察することにしたい。

　本稿でとくに強調したいのは,「生涯学力」形成の観点から日本の「学校学力」形成を問い直す視点の重要さであり,生涯学力形成を志向する学力概念について再解釈することである。敷衍して述べれば,本稿で使用する概念が「学力」ではなくどうして「生涯学力」なのか。また,これまで学校を中心に論議されてきた学力に対する考え方から脱却し,学力を「生涯」学力形成の視点から再構成する必要がなぜあるのか。さらに,こうした学力観は,個人の成功とより良き社会の実現のために必要とされる能力概念としてOECDのDeSeCoプロジェクトで提起された「キー・コンピテンシー」のようなポスト産業社会で求められる学力観とどう違うのか。端的にいえば,キー・コンピテンシーが内包する理念と本稿で提起する社会に通用する力（社会人に必要とされる力）としての「社会的実践力」や「人関関係力」などの社会対応能力としての生涯学力を規定する要因との共通性および相違性はどこにあるのか。

　以上のような論点をふまえて,本稿では,このような問題意識にいたった経

緯も含めて生涯学力形成に基づく学力概念およびその理論的枠組みについて考えることにしたい。

なお，本研究は，今後の学力研究の視座・枠組みの再構築を視野に入れての試論的意味合いを含む研究であり，編者の佐藤千津が「まえがき」で述べているように，3年間にわたる研究の蓄積を土台にしながら，これまでの学力研究とは異なる視点から各執筆者が検討を行っている点に特徴がある。つまり，それは，学力研究をこれまでのゆとり教育から知識注入教育への帰還という「横軸」からの検討ではなく，生涯を見据えて学ぶ力，学び続ける意欲を獲得し，そしてその学びを生涯にわたって継続させ，展開させるという，いわば「縦軸」からのとらえ直しによる考察である。

第2節　生涯学力概念の提起にいたる背景

筆者が学力問題に強い関心を示すようになった背景には，次のような理由がある。その一つは，墨田区教育委員会による開発的学力向上プロジェクト推進会議へのアドバイザーとしてのかかわりである。詳述すれば，2004年に実施された東京都教育委員会による「児童・生徒の学力向上を図るための調査」の結果をふまえ，確かな学力の定着に向けて墨田区が主体となる学力向上のプロジェクトが始まったことに起因する[2]。もう一つは，時期的に墨田区のそれとほぼ重なるが，筆者の所属する大学の教室で行われたカリキュラム改革への取り組みに端を発する。一般的に，前者が主として初等・中等教育段階に教育論議が終始する一方で，後者は高等教育段階に関するイシューという見方が強い。両者は，一見，対象の異なる教育段階の事象との認識を拭えないが，初等・中等教育段階で蓄積された歪みが高等教育段階で表出するという考え方からすれば—そのパラドックスも成り立つが—，両者は少なからず通底する問題をはらんでいるといえよう。つまり，教室のカリキュラム改革によってあぶり出された問題が，初等から中等，中等から高等教育段階，さらにはその後の社

会生活にいたるすべての事象に連なるということ，平たくいえば，墨田区の子どもの学力の根底にある問題の背景と教室のカリキュラム改革で浮上してきたそれとは相互に関係する論点を内包しているといえる。

そこで，カリキュラム改革をとおして集積された問題と新聞に寄稿された識者の指摘とを照らし合わせながら，生涯学力概念の提起にいたる背景および論点を浮かび上がらせたい。

現今の大学生に見られる傾向として，組織のなかで人とかかわっていけないなどの社会性の低下や，ノートを取らないあるいは取れないなどの学習意欲の減退化・無気力化，昼夜の逆転による授業中の居眠りや遅刻，授業中の私語や不規則発言，学校歴（卒業資格）のみを求める（不本意）入学者の増加等[3]，大学における学びの閉塞化の状況が表面化していることは大学教員の多くが指摘するところである。さらに，今日ではそれらによって惹起される授業崩壊といった現象も社会問題化する様相すら呈している。そうした傾向は，外発的動機づけにより学習へのモチベーションを高めてきた学生にとくに強く見られ，大学入学後，学びを持続できない，もしくは学ぶ意欲を喪失した学生の数も年々増える傾向にある。私が所属する教室においても例外ではなく，とりわけ10数年ほど前からこうした現象が顕著になってきた。この事実を裏書きするのが養老孟司[4]の次のような寄稿文である。

「（前略）骨学の実習というのがある。人間一体分の骨が箱の中に入っており，それを学生4人で観察する。適当に4人ずつ，グループを組みなさい。そう言い渡すと，いつまでたってもラチがあかない。グループが自発的にできないのである。先生決めて下さい。ついに学生の一人が怒り出して，そう言う。怒らなくてもいいじゃないか。マニュアル風に，なんでもこちらで決めておかなくてはダメ。（一方,）解剖の実習は，学生4人が一組，一体の遺体を2ヶ月かけて完全に解剖する。この4人がなかなかそろわない。よく見ていると，だれかが休んでいる。怠けていることもあろうが，相棒とうまく

やれないのである。気に入らない相手だと休んでしまうらしい。そういう疑いがある。（後略）」

次の大宮登の寄稿文も，その18年前の養老のものとは問題の本質においてそう変わりはない[5]。

「（前略）知的には大変優秀なのに，コミュニケーション能力や人間関係を築く能力が欠けている学生がいるからです。私の授業では，講義がひと段落したのち，自分なりの考えを整理してもらうために，質問シートを渡すことがあります。個々人での記入後，理解を深めるために，隣同士でペアを組み，意見交換をさせるのですが，このとき必ず問題が発生します。ペアの相手を見つけることができない学生が，毎回数人は生まれるのです。隣の人にすみませんが，相手になってもらえませんか？と頼めない人が5％前後はいます。（後略）」

両者の語りからは，断片的ではあるが共通の論点を抽出できよう。つまり，「グループが自発的にできない」（養老）とされる医学部生の問題も，「人間関係を築く能力が欠けている」（大宮）と指摘するコメントからも散見できるように，知識や技能など偏差値といった評価尺度で比較的に高いとされる学生の問題と，本教室のカリキュラム改革によって露呈してきた学生の問題とは本質的に大きな相違はない。

養老が寄稿した20年近く前の当時の教育状況に照らして考えると，臨時教育審議会答申以降，脱集団化・個性化の教育の浸透・波及が進んだ時期と重なる。個性尊重の教育の推進が，一方でチームづくりや組織のなかでの人間関係の構築など，人として群れることの大切さをアンチテーゼとして，それが対人関係の希薄化などの遠因となったとする言説もある。この問題の検証については，別稿に譲るとしても，この問題の本質は，他者との関係性を構築できない

学生が社会に出たあと，意思形成過程への参加が果たして可能なのかということである。むしろ，公的な機関における政策決定や私企業における運営などへの参画の機会から除外もしくは排除され，実質的に方針の決定のプロセスにかかわる可能性が著しく制限されるのではないか。また，社会生活においても，人とのかかわりが十分にできず情報を得られないことから，自らの権利の行使が制約されはしないかなどさまざま危惧がよぎる。宮本みち子も，EUの社会的に排除された若者の例を引き合いに出し，自著『若者が《社会的弱者》に転落する』[6]のなかで若者の問題を浮かび上がらせながら，若者の周辺化に警鐘を鳴らしている。

かつて，学生は集団を形成し，連帯しながら自分の考えを社会運動につなげるなど，良くも悪くも社会への影響力をもっていた。ところが，現在，集団による連帯を嫌い，社会的ネットワークから孤立し，他者との関係がうまく築けない学生の問題が指摘されるようになったのである。

その一方，さきに述べたように学力の概念枠として定義された「キー・コンピテンシー」においては，むしろ多元化する社会状況をふまえて「異質な集団で交流する」[7]能力，すなわち多様な背景をもつ子どもたちが相互に交流することで得られるような学力の必要性が求められているのである。

こうした学力とはどのような学力なのか。また，そうした学力はどのようにしたら育まれるのであろうか。これらの問いについては，次節で考えたい。

第3節　社会環境の変容と内発的動機づけを意識した授業改革

学習意欲の減退化や社会性の低下といった現象が起こる背景には，社会環境の急速な変化と，またそうした状況に対応した時代の移り変わりとともに「学力」そのものにも変化があるとされる。今日では，産業・就業構造の変化による社会的分業のより一層の促進，高度情報化の進展および知識基盤社会の到来により，個々にはこれまで以上により一層の専門的な能力や知の創造が求めら

れる。いっぽう，高度情報・知識基盤社会への移行・深化は，他方で人間関係の希薄化，バーチャル化など，人と人，人と物とのかかわり方にある種の変容をもたらしたとされる。

　生活と学びが同じ座標軸のなかで展開された時代では，ペスタロッチの言説にもあるように「生活が陶冶」し，生活と学びが極端に分離されることなく統合されていた。職住融合の社会である。そうした社会においては，学びは生活を土台にして構築され，またそうした学びの延長線上に職業生活があった。それは職人が自己の生活や仕事のなかでの師や家人によるインフォーマルな教育をとおして技能を磨きあげ，やがて熟練していく過程と似ている。それらは，今日でも時代を超えて変わらない価値のあるものとして認識される。それが，今日では高度な知識や情報化の進展によって学びそのもののあり方が大きく変容し，フォーマルな教育に充てられるモラトリアムの期間がさらに長期化して，生活と学びの分断も一層進んだのである。

　管見の限り，生活体験などをとおして内発的な動機づけが得られにくい今日の学習環境下において学びが持続しにくいことは否めないであろう。学び続ける意欲を獲得し，そしてその学びを生涯にわたって継続・展開させるには，学習環境の再整備が求められてこよう。

　そうしたなか，インターンシップの必要性やボランティア活動の単位化など学びに向けた内発的動機づけの必要性が指摘されている。学習活動を展開していくうえで重要なことは，どうして学びたいのか，その動機や意欲をいかにして育てるかである。

　こうした問題に対応して本教室におけるカリキュラム改革では，とくに初年次教育のあり方を根底から見直し，チョーク・アンド・トークの教員による一方通行型の授業ではなく，体験型の授業の導入も含め，講義とバズセッション（小集団による共通討議）を組み合わせた対話型・学生参画型の授業をめざすなど授業改善に向けた取り組みを行ってきた[8]。

　一例をあげれば，筆者が担任する初年次配当の授業においては，例年，学

生・児童・生徒・保護者・地域の人という異年齢間の人間関係づくり（異年齢交流）や世代間相互の教育力を生かせるような取り組みを企図した就業体験の場として農業体験のインターンシップを実施している。農業体験をとおして社会的実践力の育成や人間関係の（再）構築をはじめ，学問への取り組みにおいて生涯教育的なものの考え方を培うことに力を注いでいるのである。そうした取り組みの成果もあり，インターンシップの前と後では，学生の授業に対する取り組み姿勢に大きな変化が見られ，とりわけ後期のグループワークやバズセッションの授業においてはインターンシップの内発的な動機づけに資する面での重要性が実感できる。そのことは，日本農業新聞の記事[9]やインターンシップのあとに提出された振り返りレポート[10]の随所に見受けられる。

　その一例を抜粋すると，稲刈り・餅つきを初体験した学生Ａは「餅米が餅になっていくのを見て，やはりみんなで作り上げていくのはうれしいし，一人でやるのとは喜びや達成感が違うなと感じました。人と何かを作り上げることは，協力が必要だし，それぞれの力を出し合うことでできあがるのだと実感した」としている。学生Ａの文章からは，共同体験をとおして連帯・協力の精神が育まれると同時にその必要性についての気づきが見られる。こうした気づきは，インターンシップのあと，次のステップとしての授業におけるバズセッションに移るプロセスにおいて人間関係の構築に資する面での効果も期待できる。また，学生Ｂのレポートには「実習を終えて，いま改めて思ったことは，先人たちの知恵の偉大さと，食の貴重さである。（中略）茶碗一杯の米を収穫することが，どれだけ大変で，どれだけ貴重なものかということが，ほんの少しだけど分かった気がする。これからは私たちが普段何気なく食べている米に，いろいろな人たちの思いが込められていることを考え，感謝して，食べ物をいただきたいと思った」とある。この感想が示唆するものは，インターンシップをふり返り，体験学習をとおして米づくりの苦労を学ぶ意義について省察を行っている点と，この協働の実践をふまえて次の学習に向けて主体的に学びに向かう力が形成されている点であろう。そして何よりも学生Ｃの「私たち

の実習は,やはり生涯学習なのだと思い,生涯教育の素晴らしさに感激しました。自分が興味や関心があることには進んで取り組んでいこうとおもうけれども,機会を与えてもらうことにより,興味や関心が生まれるのだと実感し,生涯教育はそういった機会を与えてくれる場だと思いました。今回の実習により,大学の授業に積極的に取り組み,自身の興味・関心の場を広げていきたいと思いました」とある文章からは,これまで認知不足であった生涯教育学・社会教育学という高等学校の教育課程にない分野に対する学生Cの関心が内面から表出しており,農業体験インターンシップの内発的な動機づけに資する面での役割の大きさが改めて確認された。

第4節　開発的学力向上プロジェクトから見えてきた日本の学力形成の課題

　前述の授業改革への取り組みに加えて,2004年度から実施された墨田区の「開発的学力向上プロジェクト」へのアドバイザーとしての参加が,学力問題について考える契機となったことについてはすでに第2節で述べてきた。
　「生きる力」を育むことを主眼とし,教育内容の厳選が進められた学習指導要領が告示される1999年ごろから数年間にわたり,マスコミや一部教育関係者を中心に「学力低下」が問題視されるようになった。そうしたなか,2004年に中学校第2学年生徒を対象に実施された東京都教育委員会「学力向上を図るための調査」は,墨田区立の小学校や中学校に対して重い課題を提示する結果となった。
　こうした東京都の学力調査の結果を受けて発足したプロジェクトは,学習指導要領の目標や内容から設定した基準値に照らして把握することから始まり,学習状況調査の結果を受けて各学校が取り組むべき学力向上策や授業改善のための方策を示すなど,家庭・地域との連携・協力も視野に入れながら積極的な支援を行ってきた[11]。図1-1は,墨田区が2004年9月27日から10月7日に

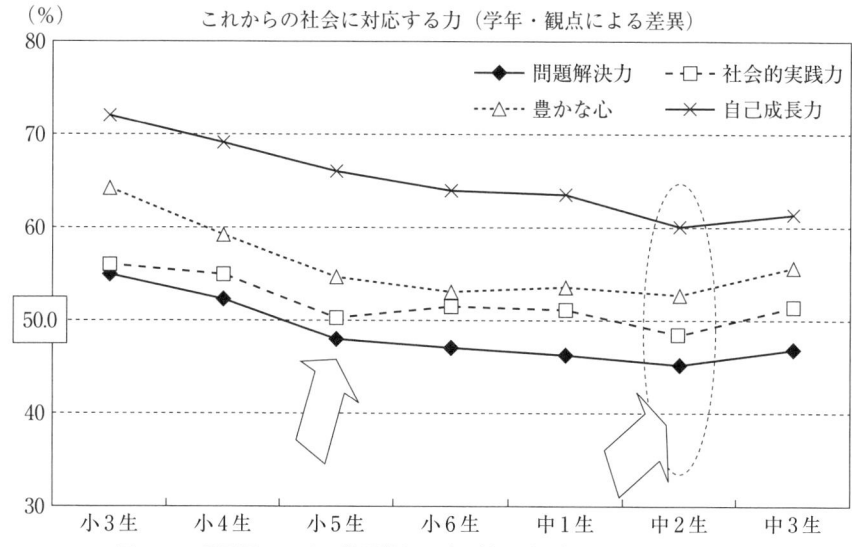

図1-1 墨田区における学習状況調査（学習意識）の結果および分析
出所：墨田区教育委員会『平成16年度墨田区開発的学力向上プロジェクト実施報告書』60頁。

かけて学習に対する意欲や態度などを把握するため，区立小・中学校全学年の児童生徒を対象に実施した「学習状況調査」（学習意識調査）の分析結果の一部を抜粋したものである。それによると，「これからの社会に対応する力」を構成する主な項目①「筋道を立てて，ものごとを考えることができる」，②「調べてわかったことをもとに，考えをまとめることができる」，③「調べたことを，コンピューターを使ってまとめたり，発表したりすることができる」，④「社会で問題になっていることについて，どうすればよいかを考えたことがある」，⑤どんな職業や進路が自分に適しているかを知っている」のなかで，とくに「社会的実践力」や「問題解決力」に該当する項目において望ましい基準とされる「達成率」[12]が50％を下回る結果となっている。都市で生活しつつも比較的に地域とのつながりが強い墨田区の子どもたちでさえ，社会的実践力が学年進行とともに低下傾向にあることが明らかにされたのである[13]。

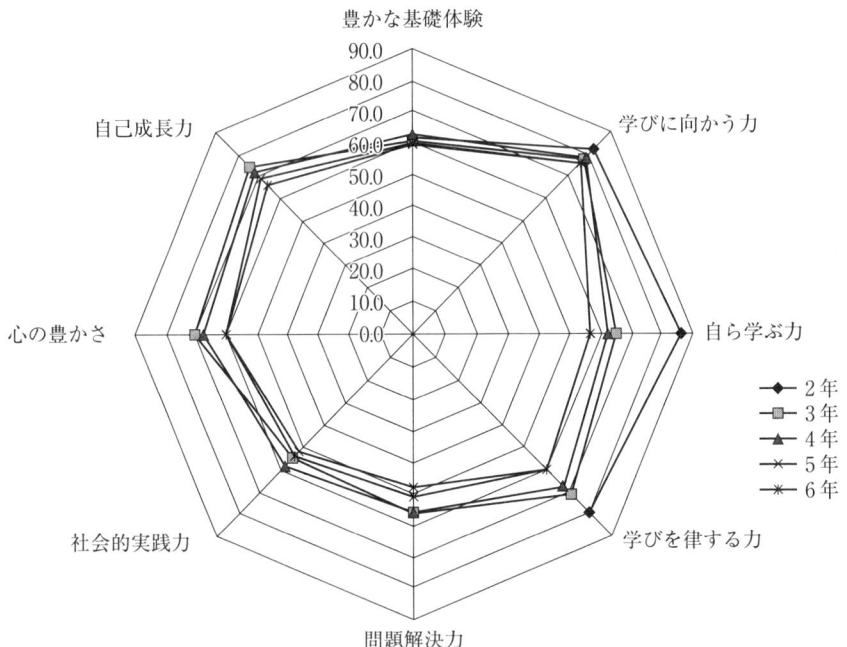

図1-2 墨田区における学習意識調査の分析（小学校）
出所：墨田区教育委員会『平成17年度墨田区開発的学力向上プロジェクト実施報告書』86頁。

　また，その翌年の5月31日に各中学校，6月1日に各小学校で前年と同様の「学習意識調査」（学習に関連する生活実態についてのアンケート）が行われた。図1-2は，小学校における分析結果で，社会的実践力とそのほかの関連項目との関係を詳細に分析し，図示したものである。また，全般に各項目とも学年が進行するにつれ数値が下がる傾向が見られるが，社会的実践力と問題解決力の項目の部分がほかの項目と比べてもやや低めの結果であることが示された。それとともに，自ら学ぶ力がやはり学年進行とともに低下の傾向にあることがわかる。一方，図1-3の中学校における結果については，問題解決力において学年間の差はあまり見られないが，全学年で達成率が50％を下回る結果となっている。社会的実践力，豊かな基礎体験，自ら学ぶ力は，図1-2の

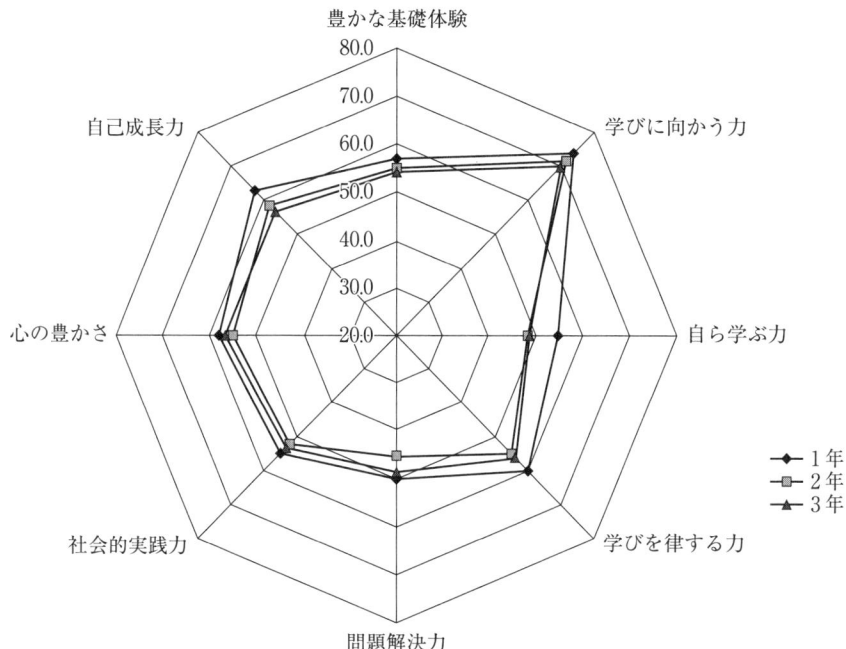

図 1-3　墨田区における学習意識調査の分析（中学校）
出所：墨田区教育委員会『平成17年度墨田区開発的学力向上プロジェクト実施報告書』86頁。

小学校同様にそれぞれ低いことがわかる。

　また，図1-4の2005年度東京都の「生徒の学力向上を図るための調査」（中学2年生対象）において生徒の生活状況や行動に関する意識調査（都下）の分析結果を見ても，やはり墨田区と同様の傾向が見られ，とくに社会的実践力における低下が相対的に顕著である。

　こうした二つの地域の分析結果から浮き彫りにされたことは，実践の裏づけのない学習に特化する傾向が見られることであり，表現をかえれば，学びの根底における実体験の不足である。さらに，この調査をとおして実体験が乏しいと新しい知識への理解力も高まっていかないことも確認された。また，問題解決力に関しても社会的実践力と同様の傾向が見られるが，それが教科学力の

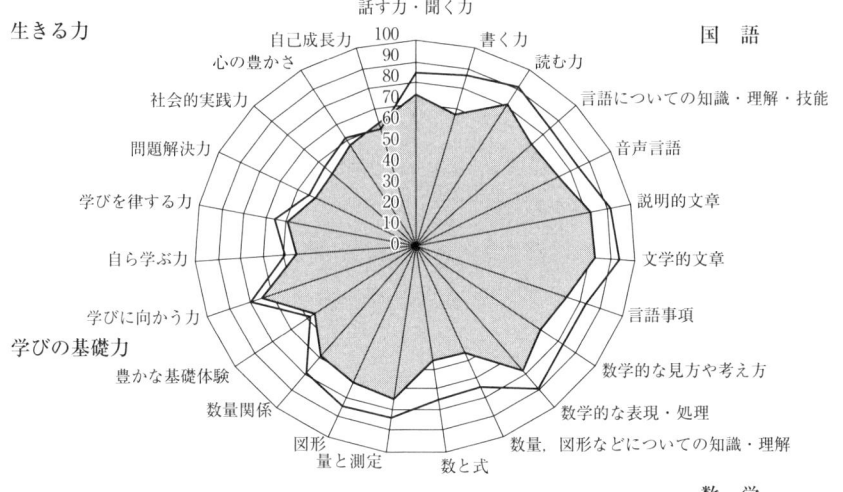

図1-4 学力定着度調査の結果
　　　　2005年度東京都「生徒の学力向上を図るための調査」(都内公立中学2年生)
出所:生徒の生活状況や行動に関する意識調査 (2006年1月17日実施)

「思考・判断」に深くかかわっている[14]ことから考えて改善される必要のある課題といえよう。

　次節では,こうした日本における学力形成の問題を受けて,オーストラリアの学校ではそうした課題を克服するためにどのような取り組みがみられるのか,先行事例としてジェームズ・ルーズ農業中等学校 (James Ruse Agricultural High School 以下 JR校と略す) の教育理念およびそれにもとづく実践を提示し,生涯学力形成に関する示唆を得たい。

第5節　実践力・意思決定力・人間関係力の育成に取り組む農業中等学校

　日本と違って学校の自治性を尊重するオーストラリアにおいて，農業教育とリーダーシップ・プログラムを核とする学力づくりで優秀な生徒をつくりだす教育実践を展開している中等学校がある。シドニー郊外に位置するニューサウスウェールズ（以下NSWと略す）州立のJR校がそれである。

　JR校は，毎年，11月から12月にかけて州で実施されるHSC（Higher School Certificate）といわれる大学入学資格試験において440校のうちトップの座を15年間占めてきた。農業も学ぶが全員が大学に進学し，医師や弁護士，エンジニアなどをめざす生徒が多い[15]　選抜制の州立校である。筆者のインタビューに答えたアジア系の生徒6人のうち，2人がシドニー大学やNSW大学の医学部などプレステージの高い学部への入学を希望していることがその証左といえよう。

　そこで本節では，2010年8月1日に筆者が行った，ライフストーリー・インタビューに近い自由な語りを中心とする対面式面接調査による分析資料をも

写真1-1　JR校の正門

写真1-2　JR校の農場
校舎の北側には8ヘクタールの広大な農場が隣接する

とに，JR校の高い大学進学実績の背景にある教育観を浮かび上がらせたい。インタビューの対象者は，校長，教頭と生徒6人の複数であるがグループ・インタビューの形態はとらず，半構造的なインタビューの方法で臨んだ。

校長の学校の沿革をふまえた次の口述内容からは，農業学校と選抜校（大学進学校）との関係性が見えてくる。選抜校でありながら農業学校であることが二律背反でないことは，下記の校長のメッセージから読み取れるが，農業教育をとおして生徒の主体的に学びに向かう力の育成に力を注いでいる点は類例を見ないであろう。

「私は，農業が大事であるということと学力があるということには，とても深い関係があると強く感じています。野外活動と学習とも関係があります。自然，木々，動物，植物が人の心や情緒の発達に対して影響を及ぼすことにも関係があります。（中略）しかし，古代ギリシャ人やローマ人がみな，土をいじる仕事をすることには何かがあると言ったのは正しかったことを示す多くの研究があります。土をいじると，それはとても鬱によくて，というのも土に含まれるセロトニンが前頭葉を落ち着かせるからです。（中略）生徒Aは本校で農業をするまで，家で手を泥だらけにしたことがありませんでした。手を泥で汚すのは，人にとってとても良いことだと私は思うのです。それは子どもの時にしておくべきことで，とても大切なことです。農業を勉強すればできることです。」

JR校では，農業実習まで一度も手を泥で汚したことのない生徒の入学も稀ではなく，生徒Bはインタビューに答えて，実習を経験して「農業実習は，とても素晴らしいと思います。農業実習では，たとえば英語や数学の授業では経験できない実地体験ができます。この感覚は，本当に束縛されない，したいことがもっとできる自由な感じなのです」と語り，上述の校長の語りを裏づけるかのような農業実習にメンタルな部分での癒しの効果があることを示唆する

内容の回答をしている。

　JR校では，このような農業教育が前期中等教育開始の7年次（Year 7）から10年次（Year 10）まで必修科目として，また後期中等教育の11年次から12年次までは選択科目[16]としてカリキュラムに位置づき，それが生徒の心の安定にもつながっている。

　いっぽう，世界保健機構（WHO）が「日常生活で生じるさまざまな問題や要求に対して，建設的かつ効果的に対処するために必要な能力である[17]」と定義するライフスキルについても，農業教育をとおして「重要なライフスキルも身に付けられ，真剣に人生の問題と向き合えるようになる」（校長）として，その重要性が確認される。とくに，下記のライフスキルの概念に近い校長の考え方は示唆的である。

　「ライフサイクルに向き合うということ，それはあなたが農場でたくさんやっていることです。動物は生まれ，屠殺のために送りだされます。あなた方がご存知の曲がった人参ですが，人参に水をやり，育て，抜いてみると望んでいなかった物になっている。勉強したときにも結果が出ますが，それは生徒がコントロールできるものです。でも人参の出来具合については，コントロールできません。生徒たちは，こういった単純な失望と向き合わなくてはならないのです。農業とは関係ないメッセージですが，こういうものは，優秀な生徒や才能のある生徒たちにとって本当に大切なことだと思うのです。ジャガイモを一夜漬けで大きく育てることはできませんからね。ライフサイクルというものがあって，いつオレンジができるのか，いつ桃ができるのか，誰でも知っています。前の晩にいきなり種を蒔いて，結果を出そうなんて無理です。これが学びなんだということを生徒たちにもっとわかりやすく示していく必要があると思います。（中略）農業はきわめて価値のあるものだと思っています。ただ，農業に関する知識だけでなく—それも重要ではありますが—，この生徒たちがどのような職に就くにしても，リーダーにな

る子たちですし，将来の食物供給や水質問題，持続可能な資源利用，気候管理について意思決定をする人物になるからです。（中略）また，政治的な問題もありますよね。生徒たちはトウモロコシの勉強をし，最近，買うものには何でもコーンシロップが入っていますが，これは，アメリカ連邦議会が行った政治的決定であり，そのせいで私たちはみな買うものには，何でもこのスイートコーンでできた食材が入っているという困った目に遭わなくてはなりません。それは，法律ですから，農家に市場を提供するためにコーンシロップを何にでも入れなくてはならないのです。今や，それは，健康や肥満に関係する政治的な問題であり，それにかかわる人びとは必ず理解しなければならないことです。生徒たちは，こうした事柄について意思決定をしなくてはならないフォーラムに将来参加するわけです。この問題について私が言いたいことはこうです。生徒が学ぶ農業のすべての授業でこのようなグローバルな問題を扱いたいと思っています。単にトウモロコシとその供給や栽培方法について伝えるのではなく，意思決定をする際に必要とされるグローバルな問題についての認識も深めるのです。」

　生徒は，農業という教科をとおしてソーシャルスキルばかりではなく，ライフスキルも学ぶ。たとえば，畜産を通じて生命の誕生から死にいたる死生観に依拠するライフサイクルについての認識を深め，そして指導者になったときのために，食料の供給や水質，環境維持開発，天候管理など日頃から生活について責任ある行動を選択する意思決定を主体的に行い，社会問題を解決する視点を学ぶのである。それらは，潜在的なカリキュラムとしてJR校の農業教育活動全体に深く浸透しているのである。
　また，校長の後半の語りでは，リーダーシップの重要性についても言及し，問題解決力を育むことも忘れない。とくに，農業教育がこの学校のもう一つの柱であるリーダーシップや対人関係スキルの形成とも明らかにリンクすることが示唆される。以下では，その具体的な例としてJR校を特徴づけるリーダー

シップ・プログラムには，どのようなものがあり，またそれはどのように具体化されているのか。さらに，実際にリーダーシップ・プログラムにかかわる学生は，それをどのように見ているのであろうか。農業の授業におけるリーダーシップ体験に関する校長の質問に答えた生徒Cの語りをとおして検討したい。

「私たちがペアを組んで責任をもって区画を担当することはご存知ですよね。生徒はそれぞれ他の人と一組になって世話をする区画を1つ割り当てられます。それはとてもよい経験になりました。なぜなら，私たちは1つの区画を共有し，それを私たちの共同責任において引き受けなければならないのです。仕事を分担することもでき，そこからチームワークで協力することも学びました。私は，農業からそういうことを学べるとは期待していなかったので，とてもよいと思いました。」

自分より年下や年上の人とペアを組んで作業に取り組み，作業を共有するとともに責任を分担し合うことは将来必要とされるスキルである。農業実習からチームワークの大切さや社会的責任の重要さを学ぶという，ヴィゴツキーに代表される社会的構成主義にも連なる言説で学びに向かわせる仕組みを構築しようとしているあたりは，ロシア系オーストラリア人の校長らしい発想である。

JR校のリーダーシップの形成には，大きく分けて二つの考え方があり，そのうちの一つは上述したように農業実習の活動全体をとおして醸成される。また，そのコンセプトも，「リーダーシップの共有」と「リーダーシップの分有」を基本軸にして，「人にあれやこれやと指示する人間になるということではなく，人が意思決定をするのを助けてあげること」とある生徒Dの語りにも見受けられるように，生徒一人ひとりの考え方に深く浸透しているのである。

自由な語りから得られたもう一つの取り組みは，7年生から組織される1年間で9つのリーダーシップ・プログラムである。なかでも，「ピア・サポート・プログラム」（peer support program）と称する仲間による支援プログラム

は特徴的なリーダーシップ・プログラムの一つとして位置づけられ，11年生が7年生の生徒の世話をすることにより，学年を超えてできるだけ多くの生徒がお互いにつながりをもつように計画されている。上級生も下級生も相互理解を育みながら将来に向けて（卒業後）のネットワーク形成の素地をつくるというのである。

　また，特筆すべきは，校内で問題行動にはしった生徒が，学習支援を必要とする下級生に対して数学や科学，英語の学習の個別指導を行う仕組みが，ピア・サポート・プログラムの一貫として展開されていることである。これは，学習スキルの伝達や人間関係の構築ということより，むしろ自分は人の役に立っているという「自己有用観」を育む取り組みといっても過言ではない[18]。自分のスキルを下級生のために役立てる一方，下級生から認めてもらうことで喜びを覚え自信を取り戻すという，逸脱行為にはしろうとする生徒に光を当てようとする取り組みである。

　このように見てくると，リーダーシップ・プログラムが，単に自己の主体形成にかかわる能力を培うことだけに焦点を当てたものでないことは明らかである。むしろ，自己肯定感の向上も視野に入れ，共同学習・相互学習などの学び合いをとおして対人関係スキルの形成をも図る取り組みであるといえよう。

第6節　生涯学力形成の日本型モデル

　前節では，JR校を先行事例として農業教育が生涯学力形成にどのように供するかについて考察してきた。具体的には，これまでの日本の学力政策において生徒の社会的な実践力や問題解決力，意思決定力，人間関係力などが十分に育まれないという文脈をふまえて，そうした問題を解決するための方策について検討してきた。JR校における取り組みをとおしてわかったことは，問題解決力や意思決定力，人間関係力の形成基盤となる生徒の社会的な実践力，さらには自己肯定感がどのようにして培われるのか，またそれらが生涯学力形成に

向けた学力づくりにどのように資するのかということである。ただ，こうした能力やスキルも実践力のある教師による支援なくしては育くまれていかないことも課題として提起されてこよう。

　その点でいえば，後述の第4章は，教師の実践力を生かした協働の実践についての報告であり，実践力のある教師の存在が児童の学力の定着に大きくかかわることを指摘している点で示唆に富む。また，本研究のテーマとの関連で述べれば，同章は，社会体験の豊富な実践力のある教師による内発的動機づけが児童の自己肯定感を育み，児童の学習課題に取り組んでいく意欲や自己学習に向かう力としての「生涯学力」の基礎を定着させたという点できわめて示唆的である。

　「学校教育と生涯学力形成―生涯学力の基盤を形成した『水』の総合学習―」と題する金山論文では，本研究が追い求める「生涯学力」形成を視野に入れた学力づくりとはどのようなものか，また，そうした学力づくりの基盤を形成するための学習活動をどう組織化していけばよいのか，生涯学力研究にとって示唆的な日本型モデルの実践例が示されている。金山は，2008年3月に告示された小学校の学習指導要領における「体験的な学習や基礎的・基本的な知識及び技能の活用」[19]を受けて，知識活用力の育成の観点から取り組む相模原市立宮上小学校（前任校）における「水の学習」をトピックスにした総合学習の教育実践への取り組み，すなわち本章の第3節でも提示したような，いわゆるプロジェクト型の授業導入の提案を行っている。金山は「改訂される学習指導要領の重点である知識活用能力を伸ばすことは容易ではない。しかし，これまでの総合学習を発展させて取り組めば知識活用能力を伸ばし，さらにそれが生涯学力の形成にもつながる」[20]と考え，「水の学習」を指導の柱にした教育実践を総合学習のなかに位置づけ，そしてそれが子どもたちの「思考力，判断力，表現力その他の能力をはぐくむとともに，主体的に学習に取り組む態度を養」[21]うことを明らかにした。

　金山実践で注目できるのが，一つには境川上流域の地域社会との交流であ

る。就中，市町村合併により相模原市に組み込まれた青根小学校との交流実践は，既述のOECD（DeSeCoプロジェクト）が提示する「異質な集団で交流する」[22] キー・コンピテンシーの学力概念と通底する。もう一つは，ポートフォリオを活用した学習活動で，実体験を積むことにより，水を使う当事者としての自己を「水の循環図」（第4章の図4-6）のなかに自然に表現できるようになった点など，体験活動をとおして自己の存在や価値をポジティブに肯定する自己肯定感が育まれる実例が示されていることである。また，自己肯定感や自尊感情の高低と言語能力の発達との間に密接な関係があることについては以前から指摘されているが[23]，金山は，自然体験などの学校外の体験活動が表現力や言語力の向上など学力の定着に帰することについて実証的に明らかにしている。なかでも，若い教師の実践力を培うために，経験豊かな教師と新任教師の同僚性によるプロジェクト型の協働の実践が行われていることは特筆に値する。教師による学び合いの必要性の例証である。

　日本の子どもの課題とされる「知識の活用」，すなわち知識や技能を実生活に生かす力もこうした自然体験や生活体験によって養われる。その一方で，こうした実体験の機会をもつことが少ない現代社会においては，社会体験の豊富な教師や実践力のある教師による学習支援や働きかけが，児童生徒の学習課題に取り組んでいく意欲や自己学習に向かう力としての「生涯学力」の定着に少なからず結びつく。たとえば，昭和初期に，学級は「さまざまな社会につながる生活の場である」[24] として生活綴方の教育実践を説いた村山俊太郎のような実践力のある教師の存在である。彼の日々の生活を教材とする教育実践は，生活と学習の統合を企図したものであり，実社会と教科の垣根を乗り越える授業の展開が容易ではない現代の教師にとってきわめて示唆的である。

　また，2009年度に実施された全国学力・学習状況調査の結果の分析においては，算数・数学の指導として平均正答率が5ポイント以上全国平均を上回る学校の方が実生活における事象との関連を図った割合の高い傾向が見られ[25]，実生活と関連する学習の必要性を裏づける結果が示された。とりわけ，2012

年度から採用される教科書の検定結果では，そうした結果を反映して「学んだことを実社会の問題と関連づけて意識的に考えさせる記述」[26]が多いのが特徴である。しかしその一方で，2006年実施の国際学習到達度調査（PISA2006）と同時に行われた意識調査の結果を見ると，「実生活に密接にかかわっていることを解説したりする授業をしてくれる先生が少ない」[27]という生徒の意見も少なくはなく，必ずしも社会体験の豊富な教師や実践力のある教師が各学校に配置されているとは限らず，教師における社会体験の不足の問題も指摘される。

こうした問題への対応として，下記のような教師の実践力を支える仕組みづくりも必要であろう。たとえば，第2章第3節で述べているような「学校支援ネットワーク事業」などをとおして地域の児童生徒に多様な体験・価値ある体験の機会を提供することで教師の実践力を側面から支援する試みである。端的にいえば，本章第3節の農業体験インターンシップの事例でも示したように，保護者も含めた実践力のある地域の人々とのコラボレーションの推進である。それには，学校と地域社会をつなぐ役割を担う存在としての地域コーディネーター等（スクール・コーディネーター，学校教育コーディネーター，学校支援コーディネーターなど名称は地域によって異なる）の有効活用による体験活動支援の仕組みの再構築が必要になろう。地域コーディネーターを教師の実践力と生涯学力の基底をなすもう一つの要因である地域の実践力と結びつける中継基地として位置づける考え方である[28]。ちなみに，三鷹市のコミュニティ・スクール（小・中一貫校）で行われている，リスクを恐れず新しいことにチャレンジする精神や実践力を育むとされるアントレプレナーシップ教育のような取り組みは，小・中一貫コーディネーター[29]を利用し，社会資源などの地域の実践力を生かした試みの典型例であろう。

第7節　おわりに

生涯学力は，これまで学校学力の根幹をなしてきたさまざまなリテラシーは

もとより，学習への意欲や関心から行動や行為までを包括するキー・コンピテンシーに近い概念であることを見てきた。ただ，キー・コンピテンシーとの違いは，社会的な実践力を基底要因として，学習することの喜びを感じ取り，学びに向かう意欲や態度が生涯にわたって持続可能な学力を想定している点である。したがって，これまで述べてきた生活世界につなげるための学習と生活の往還を行うことで得られるような生活綴方に集約される学力づくりや，第4章で取り上げる「水の学習」のような教科横断的な学習，また実社会の課題ともつながる農業体験インターンシップやJR校的な学力形成，さらに進度の速いものと進度の遅いものとの相互作用をとおして協同して学ぶことを尊重するフィンランド的な学力づくりおよび識字学習のような社会教育的な学びの考え方はいずれも生涯学力の概念に包摂されると考えてよいであろう。

　以上，考察した結果得られた知見にもとづいて生涯学力を規定する要因として次の4項目を提示しておこう。すなわち，図1-5で示したような，①児童・生徒の社会的実践力，②教師の実践力，③家庭（保護者）の実践力，④地域（の人びと）の実践力などから構成される4つの実践力であり，自己肯定感や人

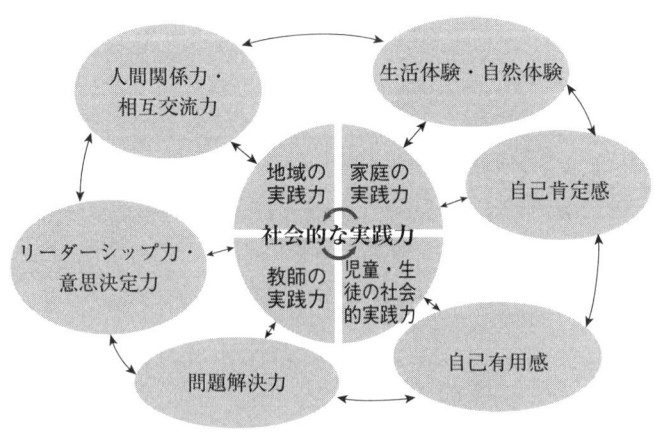

図1-5　生涯学力を規定する4つの要因

間関係力・相互交流力およびリーダーシップ力・意思決定力・問題解決力などは，これらの規定要因を基盤にして形成され，相互にダイナミックな関係性を有する。

　最後に，自律的な学習意欲へと向かう自己学習として位置づく生涯学力の視点および多元化社会における人と人との関係性を構築するための共生を柱とする生涯学力の視点から学力を再構築し，いわゆる教育から学習への主体の転換および生活と学習の融合の必要性があることを提起して本稿を閉じたい。

　なお，拙稿も含めて各章における残された課題の検討については，各章の執筆者における今後の研究の深化に期待したいと思うが，いずれにしても本プロジェクトにおける研究の成果が学力研究の視点の再構築に向けて新たな研究への出発点になれば幸いである。

前田　耕司（早稲田大学）

注
1) 拙稿「学習社会における『生涯学力』形成の課題―「生涯学力」概念の枠組みに基づく考察―」『日本学習社会学会年報』第5号，2009年9月，45頁。なお，「生涯学力」は，墨田区小学校PTA合同研究大会における招待講演（2006年7月10日，於：墨田区曳舟文化センター）において筆者が提起した学力概念である。また，「『生涯学力』形成に基づく学力観」という演題で2010年5月1日に第5回東アジア大学院生国際シンポジウム及び比較教育古典名著フォーラム（於：台湾・国立暨南国際大学）において基調講演を行っている（拙著「『生涯学力』形成に基づく学力観と学力の再定義―生涯学力の提起における背景をふまえて―」『第5回東アジア大学院生国際シンポジウムおよび比較教育古典名著フォーラム論文集〈第五屆東亞研究生國際研討會 比較教育經典 讀學術論壇〉』台湾・国立暨南国際大学比較教育学科，2010年，37～40頁，所収）。
2) 本プロジェクト開始の背景および経緯の詳細については，第2章を参照されたい。
3) なお，本教室のカリキュラム改革については，拙稿「早稲田大学社会教育専修のカリキュラム改革」『社会教育職員研究』第11号，全国社会教育職員養成研究連絡協議会，2004年4月，3～7頁を参照されたい。
4) 『読売新聞』1991年10月20日（朝刊）。
5) 『読売新聞』2009年3月24日（朝刊）。
6) 宮本みち子『若者が《社会的弱者》に転落する』洋泉社，2002年，51～59頁。
7) ドミニク・S・ライチェン，ローラ・H・サルガニク編（立田慶裕監訳）『キー・コン

ピテンシー―国際標準の学力をめざして―』明石書店，2006 年，196〜202 頁。
8) 前掲 3) 5 頁。
9) なお，本インターンシップは，正楽塾と称し，第 4 章執筆の金山光一や川野佐一郎（元相模原市教育委員会）をはじめ中里正楽ら農家の人びととの協働で進められている地域連携事業である。詳しくは『日本農業新聞』（2007 年 10 月 27 日）を参照されたい。
10) 2007 年度社会教育実習（1 年次配当科目）の学生 A，B，C の振り返りレポート「第 2 回正楽塾に参加して」から引用。
11) 『平成 21 年度　墨田区開発的学力向上プロジェクト実施報告書』墨田区教育委員会，98 頁。
12) ここでいう「達成率」とは，学習指導要領の目標，内容に沿って到達が期待される基準である「目標値」に達している児童・生徒の割合を示している（『平成 17 年度　墨田区開発的学力向上プロジェクト実施報告書』墨田区教育委員会，9 頁）。
13) なお，これからの社会に対応していく力については，コミュニケーション力，社会参加への態度，主体性，協力的な態度，進路への希望などについて調査・分析した（『平成 16 年度　墨田区開発的学力向上プロジェクト実施報告書』墨田区教育委員会，2〜61 頁）。
14) 『平成 16 年度　墨田区開発的学力向上プロジェクト実施報告書』墨田区教育委員会，88 頁。
15) *The Asahi Shimbun Globe*, April 5, 2010, No. 37. たとえば，2000 年の HSC の成績優秀者の上位 10 人のうち JR 校出身者が 5 人を占める（2000 HSC ALL-Rounders List, http://www.boardofstudies.nsw.edu.au/bos_stas/hsc2000_allrounders.htm 2011 年 4 月 14 日閲覧）。日本でも，米や野菜などを栽培したこと，花を育てたこと，ペットなどの生き物の世話をしたこと等，「動植物とのかかわり」の体験が子どもの頃に豊かなほど学歴が高いという調査結果がある（独立行政法人・国立青少年教育振興機構編『子どもの体験活動の実態に関する調査研究』報告書・資料編，2010 年 10 月，34 頁）。
16) James Ruse Agricultural High School–Sydney, Australia–Faculties（http://www.jamesruse.nsw.edu.au/faculties/ag.html 2010 年 8 月 17 日閲覧）。
New South Wales Dependent of Education and Training, James Ruse
Agricultural High School, School Plan, 2010–2011.
Whole School Collaborative Programs.
James Ruse Agricultural High School Yearbook 2003.
James Ruse Agricultural High School Yearbook 2004.
17) WHO 編（JKYB 研究会訳，川畑徹朗・西岡伸紀・高石昌弘・石川哲也監訳）『WHO・ライフスキル教育プログラム』大修館書店，2006 年，12 頁。
18) 『読売新聞』2011 年 3 月 26 日（朝刊）。

19) 新しい学習指導要領　第1章　総則：文部科学省（http://www.mext.go.jp/a_menu/shotou/new-cs/youryou/syo/sou.htm 2010年7月24日閲覧）。
20) 金山光一「『水』の総合学習から生まれた生涯学力―知識活用能力を伸ばす授業の展開―」日本学習社会学会第6回大会課題研究1発表資料，2009年9月4日（於：龍谷大学）を参照。
21) 前掲19）。
22) 前掲7）。
23) Deborah M. Plummer, *Helping Children to Build Self-Esteem: A Photocopiable Activities Book*, 2nd ed., Jessica Kingsley Publishers, 2007, pp. 32〜33.
24) 白井慎，西村誠，川口幸宏編『特別活動』学文社，1991年，36頁。
25) 『平成21年度全国学力・学習状況調査の結果の分析について』10頁。なお，生活体験をとおして学びに向かう事例については，拙稿「親の教育期待と早期教育」（朝倉征夫編『子どもたちはいま―産業革新下の教育―』学文社，2001年，189〜190頁）を参照されたい。
26) 『朝日新聞』2011年3月31日（朝刊）。なお，学習内容と日常生活との関連性についての研究として，日常生活教材作成研究会（国立教育政策研究所内）「学習内容と日常生活との関連性の研究―学習内容と日常生活，産業・社会・人間 とに関連した題材の開発―」『平成16年度文部科学省委嘱研究報告書』2005年3月を参照されたい。
27) 『読売新聞』2007年12月5日（朝刊）。
28) 拙稿「『生涯学力』形成に向けた学力づくりの課題と方法」（『日本学習社会学会年報』第6号，2010年9月，25〜26頁）を参照されたい。
29) 三鷹市教育委員会編『新しい義務教育学校への挑戦！三鷹市立小・中一貫教育校7学園ガイドブック』2010年1月，6〜8頁。

第2章
学力問題と教育行政の課題
―墨田区教育委員会「開発的学力向上プロジェクト」の取り組み―

第1節　はじめに

　墨田区では，児童・生徒に「確かな学力」[1]を身に付けさせ，自ら学び，課題解決できる区民に育成することが，学校教育に課せられた最も重要な課題の一つであるととらえている。そこで，本区では，学力向上にかかわる教育委員会事務局各課の施策を横断的・重層的に整理し，総合的な取り組み「学力向上『新すみだプラン』」としてまとめ，児童・生徒の学力向上を図るべく，さまざまな施策を展開している（図2-1）。

　標題の「開発的学力向上プロジェクト」とは，「学力向上『新すみだプラン』」を策定し，その効果的な推進を図る役割を担う，本区における学力向上の中核をなす取り組みであり，2004年度から実施しているものである。

　「開発的学力向上プロジェクト」の趣旨は，「児童生徒の学習状況を把握するため，区立小・中学校全学年の児童生徒を対象に学習状況調査を実施し，各校に結果及び結果の分析，指導法改善に向けた指針を提示」するとともに，「結果を踏まえ，各学校が指導方法を見直すとともに，自校の児童生徒の実態に応じた授業改善を図ることによって，一人一人の「確かな学力」の育成に向けた具体的な対応を図る契機とする」ことにある。また，実施にあたり，「学識経験者を交えたプロジェクトチームを設置し，学習状況調査の問題作成への関与や各校の授業診断，指導方法改善のための具体策の提言」などに取り組んできた[2]。

　本稿は，「開発的学力向上プロジェクト」を中心に本区の学力向上にかかわ

第2章 学力問題と教育行政の課題　27

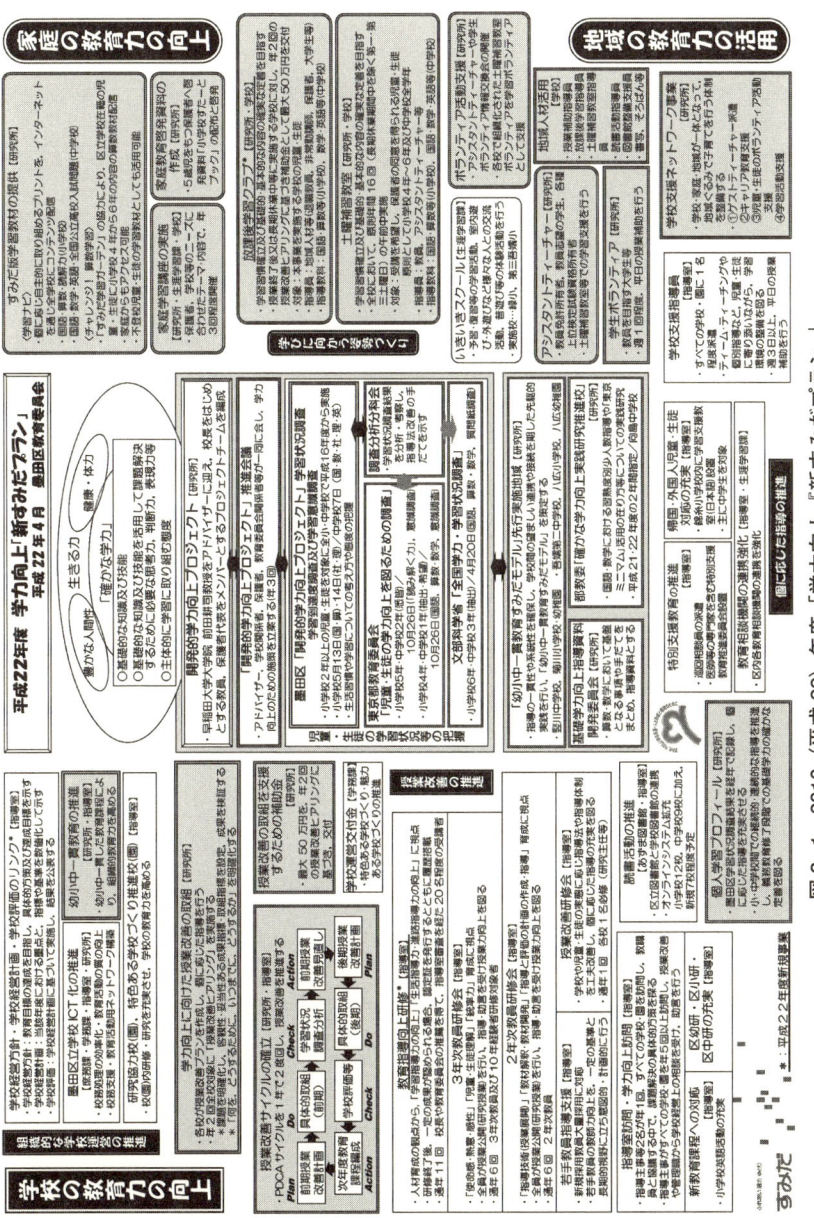

図2-1　2010（平成22）年度「学力向上『新すみだプラン』」

る取り組みを紹介し，学力問題と教育行政の課題を明らかにしようとするものである。

第2節 「開発的学力向上プロジェクト」導入の経緯とその概要

(1) 「学力」をめぐる近年の動き
①学習指導要領の改訂
1996年7月に，中央教育審議会答申「21世紀を展望した我が国の教育の在り方について」が公表された。答申では，「ゆとり」のなかで子どもたちに「生きる力」をはぐくむことを基本として，家庭や地域社会における教育の充実を図ることが必要であるとの考え方に立ち，学校の教育内容を厳選するとともに，学校週5日制の完全実施が提言された。

1998年12月に告示された小・中学校の学習指導要領は，答申の理念が具現化され，「ゆとりの中で生きる力をはぐくむ」ことが主眼とされた。改訂の基本的なねらいは，「完全学校週5日制の下，各学校が「ゆとり」の中で「特色ある教育」を展開し，児童に豊かな人間性や自ら学び自ら考える力などの「生きる力」の育成を図る」ことにあった[3]。

具体的には，完全学校週5日制実施に伴って授業時数が週当たり2単位時間削減されるとともに，学習内容が厳選された。また，「地域や学校，児童の実態等に応じて，横断的・総合的な学習や児童の興味・関心等に基づく学習など創意工夫を生かした教育活動を行う」[4]ことをねらいとする総合的な学習の時間が導入されるなどの改訂がなされた。

②「学力低下」論争
1998年版学習指導要領の公示に前後して，「ゆとり教育の導入」「学習内容は3割削減」「円周率は3.14ではなく3を用いる」[5]などの情報がマスコミ等を賑わし，多くの国民の関心が「学力低下」に向くこととなった。

東京都生活文化スポーツ局「都民生活に関する世論調査」によると，「都政

への要望（東京都に対して特に力を入れてほしいと望んでいること）」では，1998年には9位であった「学校教育の充実」が，2001・2002年に5位となるなど，学校教育に関する都民の関心の高まりが表れた[6]。

③東京都教育委員会「児童・生徒の学力向上を図るための調査」結果の公表

2004年2月に，東京都教育委員会「児童・生徒の学力向上を図るための調査」が実施された。これは，都内公立中学校第2学年約6万8000人を対象とした悉皆調査であった。国語，社会，数学，理科，英語を対象教科として，各教科の目標や内容の実現状況を把握するために，主に選択肢式で解答を求める問題により行われた。同6月にはその結果が公表され，東京都23区26市の状況が一覧で示されたことでも，大いに話題となった。

当時の本区の中学校第2学年生徒の学習状況は，表2-1のとおり衝撃的といえるものであった。本区は，調査対象となったすべての教科で都全体の平均正答率を大幅に下回る結果であり，課題が露呈することとなった。

④学力に関する国際的な調査結果の公表

2004年12月には，学力に関する国際的な調査結果が相次いで公表された。OECD（経済協力開発機構）による「生徒の学習到達度調査」（PISA 2003：Programme for International Student Assessment 2003）と，IEA（国際教育到達度評価学会）による「国際数学・理科教育動向調査」（TIMSS 2003：Trends in International Mathematics and Science Study 2003）である。

そのうち，とくにPISA2003の結果は，調査に参加した各国で「PISAショック」とも呼ばれる状況が生じた。

PISA2003は，わが国では高校

表2-1 「平成15年度　児童・生徒の学力向上を図るための調査」における墨田区の状況

	平均正答率（％）				
	国語	社会	数学	理科	英語
都全体	80.5	76.4	72.6	66.6	76.1
墨田区	78.8	73.0	69.4	63.5	72.5
差	-1.7	-3.4	-3.2	-3.1	-3.6

出所：東京都教育委員会「平成15年度　児童・生徒の学力向上を図るための調査報告書」より筆者作成。

1年生約4700人を対象に，41の国と地域が参加した。「読解力（読解リテラシー）」「数学的リテラシー」「科学的リテラシー」「問題解決能力」の4分野にわたり，義務教育修了段階の15歳児がもっている知識や技能を，実生活のさまざまな場面で直面する課題にどの程度活用できるかについて，主に記述式で解答を求める問題により行われた。

　PISA2003では，前回のPISA2000で1位だった数学的リテラシーが6位に，8位だった読解力がOECD平均程度の14位になるなどの結果が大々的に報道され，「学力低下」が声高に叫ばれることとなった。

　また，TIMSS2003は，わが国では小学校4年生約4500人，中学校2年生約4900人を対象に，小学校4年生対象分については25の国と地域，中学校2年生対象分については46の国と地域が参加した。算数・数学および理科の学習内容に関し，学校で学んだ知識や技能等がどの程度習得されているかについて，主に選択肢式で解答を求める問題により行われた。

　とくにTIMSS2003では，わが国の児童・生徒の「学びに向かう姿勢」に課題がみられた。児童・生徒質問紙調査「数学の勉強に対する自信」や「理科の勉強への積極性」で，高いレベルの生徒の割合が国際的に最も低い状況であった[7]。

(2)　「開発的学力向上プロジェクト」の発足

　「学力」に関する世論の盛り上がりのなか，明らかとなった本区の子どもたちの学習状況に対し，本区教育委員会として早急に手だてを講じる必要が生じた。そこで，2004年度に本区教育委員会事務局指導室が打ち出した学力向上に関する施策が，「開発的学力向上プロジェクト」である[8]。

　「開発的学力向上プロジェクト」とは，統一的な学力調査（本区では墨田区「開発的学力向上プロジェクト」学習状況調査と称しており，以下，「学習状況調査」と記す）を中心として，区教育委員会及び区立小・中学校が，それぞれ学力向上のための施策を開発しつつ，PDCAマネジメントサイクルを回すことで学

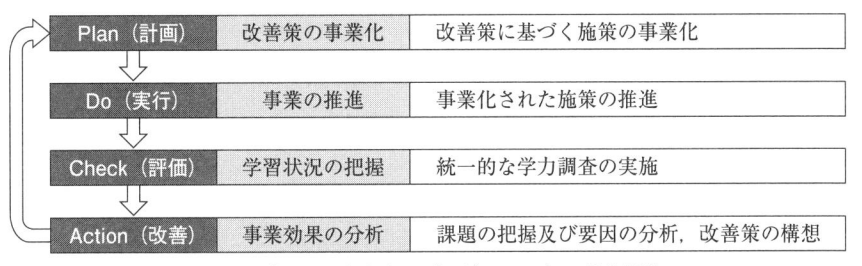

```
Plan（計画） → 改善策の事業化 → 改善策に基づく施策の事業化
Do（実行） → 事業の推進 → 事業化された施策の推進
Check（評価） → 学習状況の把握 → 統一的な学力調査の実施
Action（改善） → 事業効果の分析 → 課題の把握及び要因の分析，改善策の構想
```

図2-2 「開発的学力向上プロジェクト」の基本構造

力向上を不断に図っていく取り組みである。基本構造は図2-2のとおりである。

第3節 「開発的学力向上プロジェクト」の取り組み

(1) 発足当初の「開発的学力向上プロジェクト」の取り組み

2004年5月，学識経験者として早稲田大学大学院教育学研究科教授 前田耕司氏をアドバイザーに迎え，小・中学校長各1名，小・中学校教員各3名，教育委員会事務局3名の計12名によるプロジェクトチームが編成され，学力向上に資する取り組みを開発していく短期集中型施策としてスタートが切られた。「開発的学力向上プロジェクト」推進会議を年間8回実施するとともに，「学習状況調査」の実施，「開発的学力向上プロジェクト」実施校の指定および研究実践を行った。

「学習状況調査」は，表2-2のとおり，区立小学校第2学年から区立中学校第3学年までの1万1000人前後の児童・生徒を対象としている。前年度までの学習内容の定着状況を目標値に照らしてみる，いわゆる絶対的な評価観に基づく「学習到達度調査」と，「学習意識調査」からなり，2010年現在も継続して実施している。

「開発的学力向上プロジェクト」実施校の指定および研究実践では，小・中

表2-2 「開発的学力向上プロジェクト」学習状況調査 対象教科等

		学習到達度調査					学習意識調査
		国語	社会	算数・数学	理科	英語	
小学校	2年生	○		○			○
	3年生	○		○			○
	4年生	○	○	○	○		○
	5年生	○	○	○	○		○
	6年生	○	○	○	○		○
中学校	1年生	○	○	○	○	○	○
	2年生	○	○	○	○	○	○
	3年生	○	○	○	○	○	○

学校各1校を指定し,「学習状況調査」結果に基づく授業改善モデルについて実践検証を行った。

1年目の取り組みをとおして,授業改善の一層の推進や家庭学習の励行などの必要性が提言された。それを受け,①学力向上を目的とした専管組織の設置,②土曜補習教室の実施,③家庭学習講座の実施などの事業化が図られ,2005年度に引き継がれた。以降,各年度に明らかになった課題に対応すべく,さまざまな施策を講じていくこととなる。

(2)「すみだ教育研究所」の発足と「開発的学力向上プロジェクト」

「開発的学力向上プロジェクト」2年目である2005年度は,特筆すべき三つの特徴的な事業が展開された。

第一に,学力向上のための専管組織「すみだ教育研究所」の設置である。

2005年4月1日に墨田区教育委員会事務局処務規則が改正され,区教育委員会事務局内に新たな「課」として,すみだ教育研究所が表2-3のように設置された。それに伴い,すみだ教育研究所が「開発的学力向上プロジェクト」を所管することとなった。

すみだ教育研究所では,教育委員会事務局各課で実施されている学力向上に資する取り組みを「学力向上『新すみだプラン』」としてまとめ,事業展開を図っていくこととした。

2005年度の「学力向上『新すみだプラン』」では,そのねらいを「確かな学

力の向上」とし，確かな学力を「基礎的・基本的学力」「思考力，判断力，表現力，問題解決能力」「生涯にわたって学び続ける意欲」と定義した。また，効果的展開を図るため，大きく「授業力向上プラン」と「家庭教育支援」としてとらえ，各事業を「自主的な学習の支援」「授業改善の取り組み」「家庭の教育力の向上」「地域の教育力の活用」の４つの視点で整理した。

第二に，「授業改善の取組を支援するための補助金」の交付である。これは，「学習状況調査」結果をふまえ各学校が学力向上のために行う授業改善の構想に対し，ヒアリングおよび区教育委員会事務局職員からなる審査会を経て，補助金を交付するものである。本事業は事業費240万円から開始されたが，学校からのニーズが高く，効果も認められることから，2006年度には500万円，2007年度には1000万円，2009年度には1140万円にまで拡大しつつ，2010年現在も継続して実施している。

第三に，「墨田区土曜補習教室」である。これは，本区の児童・生徒の家庭での学習時間が短いことが明らかとなったことから事業化されたもので，2010年現在も継続して実施している。事業費は一校当たり26万4000円である。

墨田区土曜補習教室は，表2-4のとおり，すべての区立小・中学校で，原則年16回，国語，算数・数学，英語を中心に指導を行うもので，指導員には，教員のほか，すみだ教育研究所に登録されたアシスタントティーチャーがあたる。

表2-3　墨田区教育委員会事務局処務規則

第2条　事務局に次の課，室及び所を置く。 　庶務課 　学務課 　指導室 　すみだ教育研究所 　生涯学習課 　スポーツ振興課
第5条　事務局に次長を，課に課長を，室に室長を，所に所長を，係に係長を置く。 　6　すみだ教育研究所に統括指導主事を置く。
第11条　各課，指導室及びすみだ教育研究所の分掌事務は，次のとおりとする。 　すみだ教育研究所 　　1　教育に関する調査，研究及び情報・資料の収集に関すること。 　　2　学習活動の支援に関すること。 　　3　学校改革に関すること。

2005（平成17）年4月1日改正

表2-4　墨田区土曜補習教室の概要

ねらい	・児童・生徒に主体的に学ぶ習慣を身に付ける。 ・基礎的・基本的な内容の確実な定着を図る。
実施回数	・原則年間16回（長期休業中を除く6月から3月までの第一・三土曜日の午前中）
対　象	・すべての区立小・中学校の小学校第4学年から中学校第3学年までの児童・生徒 （希望する者のうち，保護者の同意が得られる者）
指導員	・実施校に勤務する教員（東京都教育委員会「学校職員の勤務時間，休日，休暇等に関する条例」により，長期休業中などに週休日の振替変更可） ・アシスタントティーチャー（原則3名配置／教職経験者，教員免許状取得者および取得見込者，塾講師経験者，検定試験上位級合格者，教員志望者（教職志望の短大生・大学生等）で，実施校の校長の指導のもと，プリント教材等を使用して単独で学習指導ができる18歳以上の者）

　墨田区土曜補習教室は教育課程外の活動であるため，該当教科の教員免許を所有しない者が指導にあたることに法令上の問題は発生しない。

　そのほか，家庭学習支援として，合計6回の家庭学習講座の実施や，「子どもを伸ばす家族の約束6か条」の開発などの取り組みが行われた。

　2年目の取り組みをとおして，授業改善の取り組みへの積極的関与や，一校種完結型の教育からの脱却の必要性が提言された。それを受け，①授業改善サイクルの確立，②幼小中一貫教育研究などの事業化が図られ，2006年度に引き継がれた。

(3)　「すみだ授業改善サイクル」確立と「開発的学力向上プロジェクト」

　「開発的学力向上プロジェクト」3年目である2006年度は，学力向上の根幹である授業改善が「すみだ授業改善サイクル」として確立された。

　すみだ授業改善サイクルは，図2-3のとおりである。各学校は，4～5月に実施する区教育委員会とのヒアリングを経て，前年度学校評価等に基づき策定した前期授業改善計画により，授業改善を進める。その後，夏季休業前に示さ

図2-3 すみだ授業改善サイクル

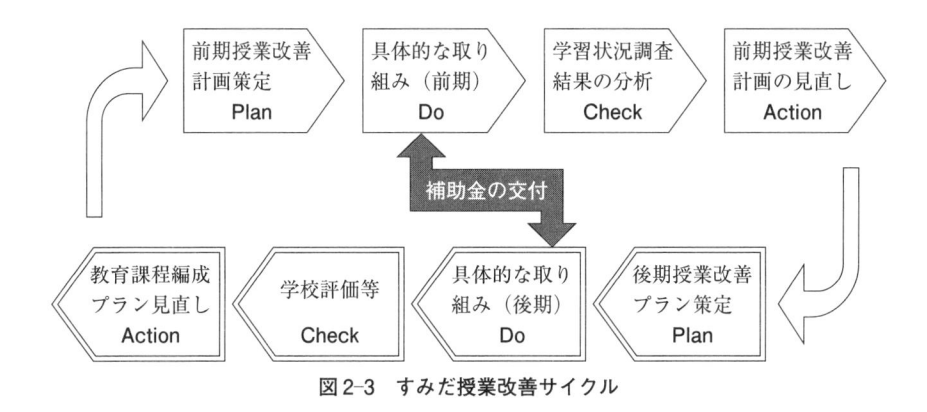

れる「学習状況調査」結果を受け，児童・生徒の学習状況を分析し「後期授業改善プラン」を策定し，9月以降の授業改善を進める。これにより，各学校が授業改善のためのPDCAマネジメントサイクルを1年間で2度回すことになる。全区的に二学期制を実施していることを生かした特徴的な授業改善システムである。

また，教科指導のエキスパート教員により「調査分析分科会」が設置された。「学習状況調査」本区全体の結果の分析から授業改善の在り方を提言するなど，2010年現在も，本区での授業改善をリードする役割を果たしている。

さらに，学習環境を整え，児童・生徒の学習意欲を喚起していく観点から，校種別に「家庭学習の手引き」を作成し，保護者等に配布した。

3年目の取り組みをとおして，集団での学びと個別の学びの調和の重視が提言された。それを受け，個々の児童・生徒の「学習状況調査」結果を経年で蓄積し，小・中学校で一貫性ある学習指導を推進するための「(仮称) 学習プロフィール」開発の事業化が図られ，2007年度に引き継がれた。

(4) 「**個別の学習支援**」の充実と「**開発的学力向上プロジェクト**」

「開発的学力向上プロジェクト」4年目である2007年度は，「学力向上『新

すみだプラン』」に新たな視点「個別の学習支援」を位置付けた。

　「学習プロフィール開発分科会」を組織し，「(仮称) 学習プロフィール」の作成を開始するとともに，非常勤職員「学校支援指導員」の配置が拡充され，各校原則1名配置となるなど，個に応じた指導の充実が図られた。

　4年目の取り組みをとおして，「読解力」や生活習慣育成の必要性が提言された。それを受け，①読解力向上を図るための支援，②家庭教育と学校教育の円滑な接続を図るための支援の事業化が図られ，2008年度に引き継がれた。

　なお，この年から，文部科学省「全国学力・学習状況調査」が小学校第6学年と中学校第3学年を対象に悉皆で実施され，2010年度に抽出調査となるまでの3年間，全国平均との比較という相対的位置付けによる授業改善の進捗状況の把握という，貴重なデータを得ることができるようになった。

(5) 懸案事項への対応と「開発的学力向上プロジェクト」

　「開発的学力向上プロジェクト」5年目である2008年度は，アドバイザーに大東文化大学外国語学部英語学科専任講師（当時）の佐藤千津氏を迎え，懸案事項であった「幼小中一貫教育」や，「PISA型読解力」の向上，話題となることが多かった「小1問題」[9]への対応が図られた。

　2005年に提言された「一校種完結型からの脱却」に資するべく，2006年から「幼小中一貫教育モデル地域（2地域）」の指定などの取り組みを行ってきたが，この年から「幼小中一貫教育パイロット地域（2地域）」を指定するとともに，表2-5のとおり，パイロット地域中学校に各1名，本区独自の非常勤職員「小中連携コーディネーター」[10]を配置し，「幼小中一貫教育」の一層の推進を図ることとなった。

　また，「PISA型読解力」の向上は，本区でもPISA2003結果公表後の懸案であった。論理的思考力や表現力の育成に資するため，「読解力向上副教材開発」事業協力校を指定し，教育関係事業者とともに「わくわく読解ブック」を作成した。

さらに，円滑な小学校生活が始められるよう家庭教育で心がけるべきことをまとめた啓発資料「小学校すたーとブック」を作成し，区立幼稚園および保育園，本区にある私立幼稚園及び保育園等を通じ，年長児をもつ保護者に配布した。

5年目の取り組みをとおして，基礎的・基本的事項の定着，教育活動への地域人材の活用などの必要性が提言された。それを受け，①指導資料作成，②「学校支援ネットワーク」の事業化が図られ，2009年度に引き継がれた。

表2-5 「小中連携コーディネーター」の概要

身　分	教員免許を有する墨田区非常勤職員
勤　務	週4日30時間
職　務	Ⅰ　校種を越えた指導 ・自らが幼稚園や小学校に出向いて，ティーム・ティーチングを実施 ・中学教員が出前授業を行う際の支援 Ⅱ　コーディネート業務 ・指導計画，指導方法・内容等の整備

(6) 「生涯学力」の形成と「開発的学力向上プロジェクト」

「開発的学力向上プロジェクト」6年目である2009年度は，アドバイザーに再度，前田耕司氏を迎え，新たなスタートを切ることとなった。

まず，「確かな学力」を再定義し，改正学校教育法により規定された学力の要素である「基礎的な知識及び技能」「基礎的な知識及び技能を活用して課題を解決するために必要な思考力，判断力，表現力等」「主体的に学習に取り組む態度」として，「学力向上『新すみだプラン』」に位置付けた。

前田氏は「生涯学力」を提唱しており，それを「狭義の学校学力とは異なり（その一部は含まれるが），生涯にわたって自己もしくは地域の学習課題に取り組んでいく意欲および自己学習に向かう力」[11]と定義している。

前田氏は，2009年7月3日の「開発的学力向上プロジェクト」推進会議（第1回）の基調講演で，「生涯学力」を「学校学力（知識や技能など偏差値等で測定可能な学力；日本的な学力）」と対比してふれ，わが国の教育課題として，

表2-6 「児童・生徒指導要録」と「個人学習プロフィール」の相違

	児童・生徒指導要録	「個人学習プロフィール」
記録対象	当該年度の学習指導要領の目標や内容の実現状況等	前年度の学習内容の定着状況（「学習状況調査」結果の記録）
評価方法	目標に準拠した評価（いわゆる絶対評価）	集団に準拠した評価（いわゆる相対評価）
評価内容	観点別	内容・領域別
記載事項	総合所見及び指導上参考となる諸事項	具体的な指導体制・方法，教材の工夫等
記入時期	年度末かそれに近い時期	夏季休業中

　「生涯学力」形成の視点から「学校学力」形成を問い直す発想の転換の必要性，つまり生涯にわたる学びの持続に向けてリテラシーとコンピテンシーを調和的にどのように統合していくか，との問題を提起した。前田氏の提唱する「生涯学力」は，本区の定義する「確かな学力」と軌を一にするものと考え，その趣旨を生かして「学力向上『新すみだプラン』」を展開することとした。

　事業として，リテラシー形成の観点から，幼児教育から高等学校教育までを見通した算数・数学科指導資料の作成や，「個人学習プロフィール」（表2-6）の全区展開に取り組んだ。「個人学習プロフィール」とは，「学習状況調査」結果を経年で記録する「カルテ」であり，児童・生徒指導要録を補完し，個に応じた指導や小・中学校間での継続的・連続的指導の推進により，義務教育修了段階での学力保証を図るものである。また，コンピテンシー形成の観点から，読解力・表現力の育成に資する「わくわく読解ブック」の配信に取り組んだ。

　さらに，学習課題に取り組んでいく意欲や自己学習に向かう力の育成に資するため，多様な体験・価値ある体験を提供する「学校支援ネットワーク事業」を立ち上げた。区立中学校とボランティア（地域住民・企業等）をつなぐ「地域コーディネーター」をとおし，外部講師として地域人材を派遣する授業を行った。

6年目の取り組みをとおして,「学び」を尊重する態度形成も視野に入れた家庭学習の推進などの必要性が提言された。それを受け,「放課後学習クラブ事業」の実施などが図られ, 2010年度に引き継がれた。

「開発的学力向上プロジェクト」7年目である2010年度は「学力向上『新すみだプラン』」の枠組みを見直し,「学校の教育力の向上」「家庭の教育力の向上」「地域の教育力の活用」とした。「学校の教育力の向上」の視点を, 規模の違いにより,「組織的な学校運営の推進(学校単位)」「授業改善の推進(学級単位)」「個に応じた指導の推進(個人単位)」と整理した。「家庭の教育力の向上」「地域の教育力の活用」の視点は,「学びに向かう姿勢づくり」として, 現在に至っている。

第4節 これまでの「開発的学力向上プロジェクト」による学習状況の変容

(1)「開発的学力向上プロジェクト」学習状況調査結果
①「開発的学力向上プロジェクト」学習到達度調査結果

設定された目標値まで達した児童・生徒の割合を示す「達成率」の推移を, 図2-4および図2-5に示す[12]。

小学校第6学年においては, 達成率が下降傾向にあるといえる。平均到達度に顕著な下降傾向がみられないことから, 緩やかな二極化が進行していることも考えられ, 今後の課題となろう。

いっぽう, 中学校第3学年においては, 教科により若干の差異はみられるものの, 達成率はおおむね向上傾向にあり,「開発的学力向上プロジェクト」の成果が現れていると考えられる。

②「開発的学力向上プロジェクト」学習意識調査結果

本区では,「確かな学力」の構成要素に「主体的に学習に取り組む態度」をあげている。また, 学習課題に取り組んでいく意欲や自己学習に向かう力とい

う「生涯学力」の観点からも，学習意識の推移に着目することが重要である。

　指標としている学習意識「学習継続力（普段からこつこつ勉強している）」，「問題解決力（筋道を立ててものごとを考えることができる）」に対して肯定的回答を示した児童・生徒の割合の推移を，図2-6および図2-7に示す[13]。

　小学校第6学年，中学校第3学年ともに，学習継続力，問題解決力が向上しており，「開発的学力向上プロジェクト」の成果が現れていると考えられる。

(2)　東京都教育委員会「児童・生徒の学力向上を図るための調査」結果

　小学校第5学年と中学校第2学年を対象に，2006年度まで実施された，国語，社会，算数・数学，理科，英語を対象教科とした調査結果から，小学校第5学年の都全体の平均正答率との差異を，図2-8に示す[14]。

　年を追うごとに都全体の平均正答率との差異が縮まり，算数や理科では都平均を上回るなど，成果がみられた。

(3)　文部科学省「全国学力・学習状況調査」結果

　小学校第6学年と中学校第3学年を対象に，2007～2009年度まで実施された，国語，算数・数学を対象教科とした調査結果から，中学校第3学年の全体平均正答率との差異を，図2-9に示す[15]。

　国語を中心にわが国全体の平均正答率との差異が縮まり，2009年度国語Bでは東京都全体の平均正答率を上回るなどの成果がみられた[16]。

(4)　今後の「開発的学力向上プロジェクト」の在り方

　「開発的学力向上プロジェクト」実施から7年目を迎える現在でも，学力を向上させる定式化された方策は見あたらない。確かな児童・生徒理解をもとに，授業改善を不断に進める教師の地道な姿勢が求められる。区教育委員会として，授業改善を最前線で進める学校－教師への支援の在り方が問われている。

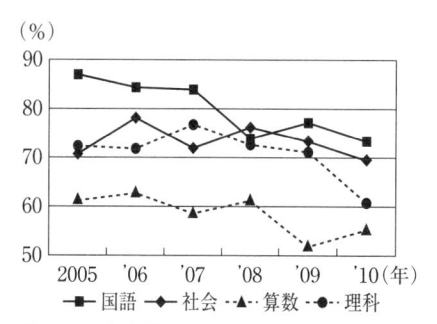

第 2 章　学力問題と教育行政の課題　*41*

図 2-4　小学校第 6 学年：各教科達成率の推移

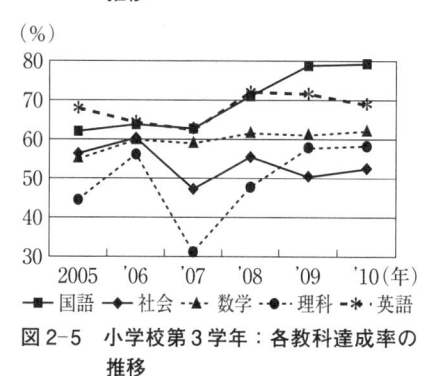

図 2-5　小学校第 3 学年：各教科達成率の推移

図 2-6　小学校第 6 学年：学習意識の推移

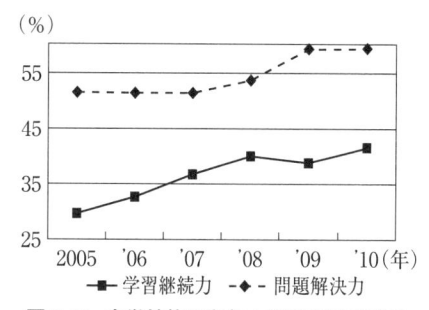

図 2-7　中学校第 3 学年：学習意識の推移

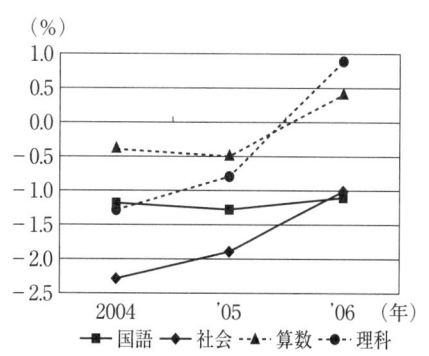

図 2-8　小学校第 5 学年：都全体の平均正答率との差異

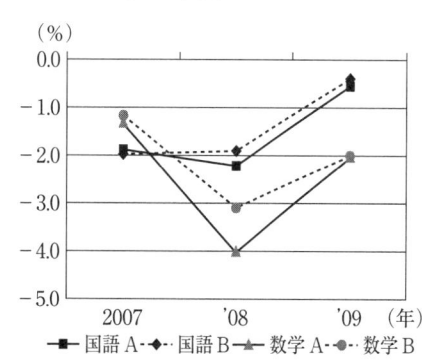

図 2-9　中学校第 3 学年：わが国全体の平均正答率との差異

家庭や地域との連携も欠かせない。自己を高めるための努力を欠かさないことに価値を見いだす「学びに向かう姿勢」は，学校教育のみで形成することはできない。家庭の教育力を一層向上させるとともに，地域の教育力を学校教育に積極的に取り入れることが求められる。

　また，「生涯学力」形成の観点から考えた場合，リテラシーとコンピテンシーを調和的に形成することの困難さがある。授業改善の最前線である学校 - 教師は，効果測定が容易な「学校学力」形成に視点をおきがちでもある。よって，コンピテンシーの形成状況の効果測定を適切に行うことができる調査の工夫が求められる。

　さらに，「確かな学力」を支えるのは，文部科学省のいう「生きる力」の構成要素である「豊かな人間性」や「たくましい健康・体力」であることも，これまでのさまざまな調査結果からわかってきている。「開発的学力向上プロジェクト」として，「豊かな人間性」や「たくましい健康・体力」を育成することへの関与の在り方も，今後の研究課題となる。

　児童・生徒の学力向上は，学校教育にたずさわるもののみでなく，すべての国民の願いである。その実現には，学校 - 家庭 - 地域の総合的な教育力を向上させることが不可欠である。区教育委員会として，そのための効果的な仕掛けや仕組みづくりが求められている。

　　　　　田中　康雄（東京都江東区亀高小学校・前墨田区教育委員会統括指導主事）

注
1)「開発的学力向上プロジェクト」では，「確かな学力」育成の観点から事業を開始した。本書で述べる「生涯学力」は，「開発的学力向上プロジェクト」開始後，プロジェクトアドバイザーであり本書編者である前田耕司氏から提唱された概念であるため，本稿では後段にふれることとする。
2) 墨田区教育委員会『平成16年度　墨田区開発的学力向上プロジェクト実施報告書』2005年。
3) 文部科学省『小学校学習指導要領解説　総則編』1999（平成11）年，まえがき。
4) 文部科学省『小学校学習指導要領解説　総則編』1999（平成11）年，8頁。

5) 文部科学省『小学校学習指導要領解説　算数編』(1999 (平成 11) 年) には,「円周率としては 3.14 を用いるが,円周や面積の見積りをするなど目的によっては 3 として処理していくことを取り扱うことにも配慮する必要がある」(143 頁) とある。円周率 3 を用いる場面は,木の幹の周りの長さの測定結果から幹の直径を求める場合などの限定的なものであり,通常,円周率としては 3.14 を用いるということに変わりはなかった。
6) ちなみに,2009 (平成 21) 年は第 11 位である。
7) TIMSS2003 で明らかになった課題の一つに,わが国の理科教育の独自性がある。TIMSS2003 で出題された内容についての小学校や中学校での履修状況は,とくに人体に関する学習内容が諸外国に比べて少ない状況がみられた。TIMSS2003 で出題された人体に関する設問についての履修率は,小学校第 4 学年で,国際平均が 60％に対し,わが国は 40％に過ぎない。また,中学校第 2 学年で,国際平均が 73％に対し,わが国は 58％である。学習内容の「国際的な通用性」を確保するという観点から,2008 (平成 20) 年 3 月に公示された学習指導要領では,とくに人体に関する学習内容が充実するなどの改善が図られている。
8) 2004 (平成 16) 年 2 月 25 日に開催された墨田区議会第一回定例会では,学力向上のための区の対応について一般質問で問われ,「開発的学力向上プロジェクト」について区長自ら「児童・生徒の学習状況を把握するため,区で統一した学力テストを実施し,その結果を踏まえて各学校が自校の指導方法を見直すとともに,児童・生徒の実態に応じた具体的な対応を図ることを支援」し,実施にあたっては「学識経験者も交えたプロジェクトチームを設置し,区独自の学力テストの問題作成や各校の授業診断,授業改善のための具体的な提言」などに取り組むと答弁したことからも,区をあげての施策であることを物語っている。
9) 東京都教育委員会は,2010 (平成 22) 年 7 月に「東京都公立小・中学校における第 1 学年の児童・生徒の学校生活への適応状況にかかわる実態調査」を実施し,11 月にその結果を公表した。そのなかで,「小学校第 1 学年の児童の不適応状況」を,「第 1 学年の学級において,入学後の落ち着かない状態がいつまでも解消されず,教師の話を聞かない,指示通りに行動しない,勝手に授業中に教室の中を立ち歩いたり教室から出て行ったりするなど,授業規律が成立しない状態へと拡大し,こうした状態が数か月にわたって継続する状態」と定義し,その発生割合を 23.9％とした (出所：東京都教育委員会ウェブサイト,URL は http://www.kyoiku.metro.tokyo.jp/press/pr091112.htm, 2010 (平成 22) 年 12 月 15 日閲覧)。
10) 現在では名称を「一貫教育推進教師」とし,役割をより明確化している。
11) 前田耕司「『学校』学力から『生涯』学力へ－生涯教育の観点から考える」東京都墨田区小学校 PTA 合同研究大会招待講演資料,2006 (平成 18) 年 7 月 10 日。
12) 図 2-4 および図 2-5 は,2005 (平成 17) ～2010 (平成 22) 年度までの「開発的学力向上プロジェクト」学習状況調査結果から,筆者が作成した。

13) 図2-6及び図2-7は，2005（平成17）～2010（平成22）年度までの「開発的学力向上プロジェクト」学習状況調査結果から，筆者が作成した。
14) 図2-8は，2004（平成16）～2006（平成18）年度までの東京都教育委員会「児童・生徒の学力向上を図るための調査」結果から，筆者が作成した。
15) 図2-9は，2007（平成19）～2009（平成21）年度までの文部科学省「全国学力・学習状況調査」結果から，筆者が作成した。
16) 文部科学省「全国学力・学習状況調査」は，調査対象を国語および算数・数学とし，それぞれA問題とB問題で構成されている。A問題は，主として「知識」に関する問題であり，実生活に必要で，身に付けておかなければ後の学年での学習に影響を及ぼす基礎的・基本的な内容を問う問題である。また，B問題は，主として「活用」に関する問題であり，実生活のさまざまな場面などに知識を応用したり，さまざまな課題を解決したりする力をみる問題である。ここでは，わが国全体の平均正答率との比較を示しているが，2009（平成21）年度の国語Bでは，東京都全体の平均正答率が73.8%のところ，本区全体の平均正答率は74.1%であり，0.3ポイント上回る結果が得られた。

参考文献

墨田区教育委員会『平成16年度　墨田区開発的学力向上プロジェクト実施報告書』2005年
墨田区教育委員会『平成17年度　墨田区開発的学力向上プロジェクト実施報告書』2006年
墨田区教育委員会『平成18年度　墨田区開発的学力向上プロジェクト実施報告書』2007年
墨田区教育委員会『平成19年度　墨田区開発的学力向上プロジェクト実施報告書』2008年
墨田区教育委員会『平成20年度　墨田区「開発的学力向上プロジェクト」実施報告書』2009年
墨田区教育委員会『平成21年度　墨田区「開発的学力向上プロジェクト」実施報告書』2010年

第3章
日本における学力向上施策と生涯学力
―福井県・秋田県を事例に―

第1節　はじめに

　本稿では，日本における学力向上施策の特徴を，都道府県教育委員会を中心とした学力向上に関する施策を事例として，生涯学力との関係で明らかにしていく。

　1990年代後半から2000年代にかけて，国際機関であるOECD（経済協力開発機構）が義務教育の修了段階にある15歳を対象（日本では高校1年生）に実施するPISA（生徒の学習到達度調査，Programme for International Student Assessment）の結果を主な背景として，日本では児童生徒の学力低下の問題や学習意欲などへの課題が指摘されてきた[1]。

　児童生徒のこうした学力をめぐる状況を受け，文部科学省は「確かな学力」を含めた「生きる力」の育成方針は堅持しつつ，1998（平成10）年の小・中学校の学習指導要領での教育内容の3割削減にみられた「ゆとり教育」施策を転換し，2008（平成20）年に小・中学校学習指導要領等を改訂した。また2007（平成19）年度から全国学力・学習状況調査を実施し，児童生徒の学力向上へ向けた取り組みが行われている。本調査の結果から，児童生徒には知識・技能を活用する学力について課題があることが明らかになっている[2]。

　上記のような国による学力向上施策の動向をふまえ，各都道府県・市町村レベルでも，地方教育行政機関である都道府県教育委員会・市町村教育委員会を中心として，児童生徒の学力向上に向けたさまざまな取り組みが行われている。本稿では，このような都道府県・市町村教育委員会による学力向上への取

り組みに焦点をあて，その特徴をみていきたい。「学力」という語を使う際に，本稿でいう「学力」を生涯学力との関係で確認しておかねばなるまい。現在，日本の学校教育では「生きる力」の育成がめざされているが，このなかで学力については，「知識・技能」のみならず，「学ぶ意欲」「思考力」「表現力」「問題解決能力」など含む「確かな学力」の育成が述べられている。これとも関連するが，全国学力・学習状況調査では，知識に関する問題と活用に関する問題で調査される力が学力と考えられている。

　学力観という表現にも明らかなように，学力にはさまざまなとらえ方があるが，ここでは志水宏吉による学力の定義をみていこう。志水は学力の要素として三つをあげる[3]。これは「学力の樹」をモデルに説明されるものであり，①A学力（知識・技能といった学力：「葉」の部分），②B学力（思考力・判断力といった学力：「幹」の部分），③C学力（意欲・関心・態度といった学力（「見えない学力」）：「根」の部分）からなる。A学力とB学力は高い相関関係にあり，C学力はこれら二つの学力を支える関係にある。とくにC学力は家庭環境で育まれるが，それができない場合，学校が代替としてその役割を果たすべきとされる。こうした学力は「生きる力」ともつながるものである。また，松下は，現在，日本の学校教育では，従来の学力（いわゆる学校学力）の範疇には収まらない能力を身につけることが求められているとし，具体的には「PISAリテラシー」「生きる力」「社会人基礎力」などを例として，これらを「新しい能力」概念としてとらえている[4]。これらの能力は知識基盤社会，生涯学習社会で求められ，その特徴の一つに「生涯を通じて学習しつづける能力」が含まれると指摘する[5]。

　また，前田耕司は，本稿でみていく「生涯学力」とは狭い意味での「学校学力」ではなく「生涯にわたって学習課題に取り組んでいく意欲および自己学習に向かう力」と述べている[6]。「生涯学力」をこのように定義するとき，「生きる力」と重なるものであることがわかる。そして，生涯学力の観点から考えた場合，「生きる力」のうち，「確かな学力」の形成のあり方が重要になる。そこ

で，本稿では学校教育における「生きる力」のうち，生涯をとおして学びつづけていくための「生涯学力」育成のあり方を，学校教育における「確かな学力」の側面から，福井県・秋田県における学力向上施策を事例に考えていく。

本稿では，都道府県教育委員会の取り組み事例として，福井県と秋田県を取り上げるが，その理由は全国学力・学習状況調査で両県の小学校・中学校の児童生徒がともに高い調査結果を示しているためである。また，本稿では，福井県および秋田県における学力向上施策について，秋田県教育委員会，および福井県教育委員会への訪問調査記録と，両県の学力向上にかかわる資料をもとにしながら述べていく[7]。

なお，本稿を進めるにあたり，福井県と秋田県の概要を述べておく。福井県は北陸地方にあり，2005（平成17）年度の国勢調査によれば，人口は約82万人で47都道府県中43番目となっている。また秋田県は東北地方に位置しており，同じく国勢調査によれば，人口は約114万6000人で47都道府県中37番目となっている[8]。これら両県の特徴として，子どもとその両親，祖父母から構成される三世代家族の全世帯に占める割合が，福井県は25.4％（47都道府県中3番目），秋田県は25.6％（47都道府県中2番目）である[9]。このように，福井県と秋田県の両県は人口がそれほど多くないこと，世帯の形態として，三世代世帯が多いことが共通点としてあげられる。

本稿に関わる先行研究については，福井県，秋田県が全国学力・学習状況調査で好結果をおさめたこともあり，その注目度から両県における教育状況や子どもの学習状況を紹介したものとして，阿部昇，浦野弘，太田あやなどによる著作がある[10]。しかしながら，これらは必ずしも学力向上施策をその対象としておらず，また福井県，秋田県を比較するなかで，これら両県における学力向上施策の特徴を明らかにしようとする視点には乏しい。

第2節　現代日本の学校教育における学力観

　現在の日本における学校教育では「生きる力」の育成がめざされている。これは，1996（平成8）年の中央教育審議会答申「21世紀を展望した我が国の教育の在り方について」（第1次答申）で提言された。本答申で「生きる力」は，つぎのように述べられている。

　「我々はこれからの子供たちに必要となるのは，いかに社会が変化しようと，自分で課題を見つけ，自ら学び，自ら考え，主体的に判断し，行動し，よりよく問題を解決する資質や能力であり，また，自らを律しつつ，他人とともに協調し，他人を思いやる心や感動する心など，豊かな人間性であると考えた。たくましく生きるための健康や体力が不可欠であることは言うまでもない。」[11]

　文部科学省は「生きる力」を（1）「確かな学力」，（2）「豊かな人間性」，（3）「健康・体育」の3つの側面からなるものとし，この育成のための教育施策を展開してきた[12]。本稿で中心にみていく（1）の「確かな学力」とは，「知識・技能に加え，自分で課題を見付け，自ら学び，主体的に判断し，行動し，よりよく問題を解決する資質や能力」である[13]。また（2）は「自らを律しつつ，他人と共に協調し，他人を思いやる心や感動する心など」であり，（3）は「たくましく生きるための健康や体力」とされる[14]。

　2007（平成19）年に改正された学校教育法によれば，小学校は「心身の発達に応じて，義務教育として行われる普通教育のうち基礎的なものを施すことを目的とする」（第29条）とされている。そして，第30条第2項では「前項の場合においては，生涯にわたり学習する基盤が培われるよう，基礎的な知識及び技能を習得させるとともに，これらを活用して課題を解決するために必要な思考力，判断力，表現力その他の能力をはぐくみ，主体的に学習に取り組む態度を養うことに，特に意を用いなければならない」とある。

　全国学力・学習状況調査は，「国際学力調査の結果において学力や学習意欲

の低下など，学校教育の現状や課題について十分に把握する必要性が増」したこと，「義務教育の質を保証する仕組みの構築の要請が高まっていること」を背景に2007（平成19）年度から文部科学省により実施されている[15]。本調査の対象学年は，国公私立の小学校6年生，中学校3年生の児童生徒であり，2007（平成19），2008（平成20）年度は悉皆調査として実施された（2009年度以降は抽出調査となった）。調査の内容は，教科（国語と算数・数学）に関する調査と生活習慣や学習環境に関する質問紙調査である。教科に関する調査は，①「主として『知識』に関する問題」（A問題）と②「主として『活用』に関する問題」（B問題）からなる。①は「身につけておかなければ後の学年などの学習内容に影響を及ぼす内容」「実生活において不可欠であり常に活用できるようになっていることが望ましい知識・技能」であり，②は「知識・技能を実生活の様々な場面に活用する力などにかかわる内容」「様々な課題解決のための構想を立て実践し，評価・改善する力などにかかわる内容」である[16]。また，本調査の結果は，文部科学省から都道府県教育委員会や市町村教育委員会にフィードバックされ，これを受けて，各教育委員会は学力施策を講じる[17]。

第3節　福井県における学力向上施策

(1)　福井県のとらえる学力

福井県は，学校教育で児童生徒に育成すべき学力を「総合的な学力」と表現している。これは，「知識の習得を中心とした基礎的な学力だけでなく，思考力，判断力，表現力，規範意識，職業意識，体力等も含めた」「総合的な学力」である[18]。すなわち福井県が示す「総合的な学力」とは，小・中学校学習指導要領等でいわれる「確かな学力」にとどまらず，道徳面における規範意識・職業意識や体力をも含めたものである[19]。

このように，福井県では知識の習得のみならず，知識活用・課題解決型の学力形成に取り組んでいるが，これは全国学力・学習状況調査で，知識を中心と

する基礎・基本に比べ，福井県の児童生徒は知識を活用する力が不足しているとの結果が示されたことが直接の契機となっている[20]。

「生きる力」の「確かな学力」では，知識の習得と知識の活用型の学力，すなわち習得と活用をどうつなげていくかの課題がある。この点については，福井県では両者を分けて考えておらず，基礎・基本と思考力の関係として，教科で知識の習得と知識の活用型学力を同時につけている。たとえば，授業で教師から児童生徒への問いかけ方をかえて，いろいろな考え方が出てくるように促し，多種多様な考え方を引き出すなかで，みんなで学び合う。こうした授業活動のなかに知識の習得とともに活用型学力が入り込んでくる[21]。

また，知識活用・課題解決型の学力観のもとで学力向上施策を展開する場合，高等学校進学時の入学試験で求められるいわゆる知識を中心とする受験型学力との関係が問われる。すなわち，知識活用・課題解決型の学力形成を中心に取り組んでいく場合，受験型学力が求められる高校受験に伴い高等学校進学が大きな障壁となるが，福井県では福井県独自で実施する学力調査で知識を問う問題とその活用力を問う問題の二つに分けて実施しており，また，公立高等学校入試問題も「知識の習得だけでなく知識を活用して課題を解決する能力を問う」[22]問題を含めるかたちで，この障壁を克服しようとしている[23]。そのうえで，知識活用・課題解決型の学力を伸ばす授業への取り組みを小学校，中学校のみならず，高等学校を含めた教育の一貫性を重視している点に特徴がある[24]。

なお，全国学力・学習状況調査でよい成績をおさめた背景として，学校・家庭・地域の協力体制のもとでの取り組みが結果として表れたのであって，永年の積み重ねの成果と考えられている[25]。

(2) 福井県における少人数教育への取り組み

前項でみてきた学力観のもと，福井県では少人数教育を柱に学力向上施策を展開している。具体的には，福井県独自事業「元気福井っ子新笑顔プラン」に

よる少人数教育が小・中学校で実施されている。

「元気福井っ子新笑顔プラン」では，小学校では1〜4年生まで40人学級を，5・6年生は36人学級を学級編制の基本とし，そのうえで，小学校1・2年生では31人以上の学級に学校生活サポートの非常勤講師が，あわせて21人以上の学級にボランティアが配置される[26]。児童の学校生活をサポートする非常勤講師は，子どもたちの授業におけるつまずきを支援しており，またボランティアは，学校に協力的な地域の人たちで構成され，子どもの生活面でのサポートを主に行う[27]。ボランティアには，小学校に入学したばかりで，いまだ人間関係が希薄な児童に対し，学級という集団性を確保しながらサポートすることが期待されている[28]。ボランティアは各学校が募集し，ボランティア一人当たり年間約10回実施しており，また一つの学校で約10人のボランティアがかかわっている[29]。小学校3〜6年生までは，31人以上の学級でチーム・ティーチング（T・T）と少人数指導が実施されている[30]。

中学校では，中学校1年生が30人学級編制を，2・3年生が32人学級編制を基本としている[31]。中学校2・3年生に比べ，中学校1年生で30人学級と少なめに編制されているのは，小学校から中学校にあがる際の「中1ギャップ」に対応するためである[32]。

「元気福井っ子新笑顔プラン」での少人数教育のほか，福井県での学力向上への取り組みには，各学校が1年のスパンで作成する「学力向上プラン」がある。これは，各学校が学力向上プランという1年間の計画を立てるものであり，全国学力・学習状況調査の結果や1951（昭和26）年から福井県で独自に実施する学力調査（小学校5年生4教科，中学校2年生5教科）の結果をもとに，自らの学校で取り組むべき課題を計画に組み込み，授業改善に活かすことを目的としている[33]。また，実践校での国語・算数・数学に関する授業の改善への取り組みをまとめた事例集を作成し，福井県下の全学校に配布することで，各小・中学校に知識の活用型学力育成などの授業改善を求めているが，本事例集を活用した授業改善への取り組み状況のアンケート調査では，97％の学校が

取り組んでいた[34]）。

また，福井県に特徴的な取り組みとして，福井県出身の漢字学者白川静氏にちなんだ「白川文字学」があり，これは教科書の流れとは違うかたちで，楽しく漢字を学ぶことを目的としている[35]）。

(3)　「授業名人」への取り組み

児童生徒の学力向上には，児童生徒を対象とした取り組みと同時に，教師の指導力向上が重要である。このため，福井県は「授業名人」事業に取り組んでいる。本事業は，「各教科等において，分かりやすい授業により優れた実績をあげている教師を『授業名人』に任命し，公開授業等を通じて授業力を向上」させることを目的としている[36]）。小・中学校の教師の場合，自分以外の教師の授業を直接見る機会が少ないため，授業名人の公開授業をほかの教師の授業をみる機会として保障し，授業名人から授業技術・方法などを学び，優れた実践が広まることを期待している[37]）。

授業名人の選定は，優れた授業を実践している教師を，市教育委員会や町教育委員会が県教育委員会に推薦するかたちがとられており，1年間で小・中学校あわせて約15人を認定している[38]）。事業の具体的な実施方法は，現在のところ，年1回授業名人による公開授業を実施したり，授業を集録したDVDなどを作成しているが，今後は，授業名人を核として，教師のグループをつくり，授業名人から指導を受けながら，よりよい授業づくりをめざすことを考えている[39]）。福井県は，知識活用・課題解決型の学力の向上には，最終的には教員の指導力が重要との認識しており，そのための体制づくりとして前項でみてきた少人数教育が実施されている[40]）。

(4)　「福井型コミュニティスクール」事業

学力向上にかかわるそのほかの事業として，地域，家庭，学校の連携体制構築のため，学校評価事業と結びつけつつ，学校経営の改善と開かれた学校づく

り，そして地域全体の教育力の向上をめざして「福井型コミュニティースクール」事業が実施されている[41]。福井型コミュニティスクールでは，地域と家庭と学校を結ぶ「地域・学校協議会」を，学校運営，学校評価，ボランティアについての話し合いを一元的に行う場として，すべての小・中学校に設けている[42]。なお，学力とかかわっての家庭の役割として，福井県の場合，両親が共働きである割合が高いが，三世代家族が多いため，祖父母が子どもの宿題の世話や登下校時の指導をしており，家庭によるバックアップがある[43]。地域についても，ボランティア活動や地域行事がさかんで，たとえば，運動会を学校と地域が一体となって実施するなど，子どもと地域がかかわる場面が多くある[44]。

また福井県では，教育行政面でも，県教育委員会，市町村教育委員会，学校の関係での連携がうまくとれている。たとえば，2カ月に1回，指導主事連絡協議会を開催し，交流をはかったり，あるいは，すべての小・中学校の先生を集めて県の教育方針などを周知する場を設けたり，学校，市，町の教育委員会が一緒に集まる機会もある。福井県における教育行政機関の配置などのあり方をみても，県全体で各事業を効率的に実施していくことを可能とするかたちとなっており，この点で，他県と比べ，県の施策が学校に伝わりやすく，すべての学校も同じ方向を向いて取り組むことができる[45]。

第4節　秋田県における学力向上施策

(1)　秋田県における学力のとらえ方

秋田県では，学校教育でめざすべき方針の一つとして心技体の重要な部分に基礎学力の向上をあげ，学力を生涯学習社会で「生涯学び続け，自己の生き方を探究する基礎となる学力」としている[46]。そして，こうした方針のもと，秋田県では，1986（昭和61）年度に「心の教育」を実施し，1993（平成5）年度からは「ふるさと教育」を学校教育の共通の実践課題として，心の教育を充

実発展させるかたちで取り組んできた[47]。

　ふるさと教育とは，書物からの知識や学力だけでなく，自分の生活のなかで，ふるさとを感動をとおしてみていくものであり，1998（平成10）年度に学習指導要領が改訂されて示された「生きる力」という新たな学力観への対応にも，ふるさと教育をベースにスムーズに移行できた[48]。つまり，秋田県での「生きる力」育成への取り組みは，学力とは知識の量だけではなく，秋田県でこれまで取り組んできたふるさと学習の経験を活かすチャンスととらえ，とくに授業力にこだわって施策を実施してきた[49]。また，ふるさと教育を核として，幼稚園，小学校，中学校，高等学校の校種間連携として，たとえば，幼稚園と小学校の教員が一緒に研修を受ける相互乗り入れ型の取り組みを県や市町村が独自に行っている。このように，学校教育を幼稚園から高等学校まで一貫するものととらえ，学校教育の指針もこれをふまえて作成している[50]。

　ふるさと教育は，具体的には「心豊かで，郷土愛に満ちた人間の育成」「自ら学び自ら考え，課題を追究する力など学ぶ力の育成」「これからの社会を主体的，創造的に生きぬくたくましい力の育成」の三つを柱に実践されている[51]。とくに「ふるさと教育の推進による今日的な教育課題への対応」では，ふるさと教育で展開される学習活動は「児童生徒の学習意欲を高め，国際化，情報化，環境の変化，少子高齢化などに対応し，主体的に問題解決に取り組もうとする態度を育てる」ものである[52]。ふるさと教育では，地域の素材をつかいながら，「生きる力」における3要素をふまえるかたちでの学力形成をめざしている[53]。

　また「本県学校教育が目指すもの」として，秋田県は「豊かな人間性を育む学校教育」を掲げ，これを「思いやりの心を育てる」「心と体を鍛える」「基礎学力の向上を図る」「教師の力量を高める」の4つの柱からとらえている[54]。学力向上施策とかかわって，「基礎学力の向上を図る」では，「各学校においては，自ら課題意識をもって考え，主体的に判断し行動できる資質や能力を，基礎的・基本的な内容の中核をなすものとしてとらえ，それを自校の教育目標の

具現化とのかかわりで明確にし，児童生徒が自らの力でそれらを獲得し，身につけようとする意欲と態度を育成することに努める」とある[55]。

秋田県では上述のように学力をとらえているが，とくに基礎学力と活用型の学力の関係について，基礎学力とは「物事を探究していくための基礎の力」であり，「生きる力」や活用型学力の考え方をふくめて広くとらえながら取り組んでいる[56]。なお，日本でPISA型の学力に対しては，秋田県でもこれを県の学力調査に含めて実施することで，学校へのメッセージとしている[57]。

(2) 秋田県における少人数教育

秋田県における学力向上施策として注目すべきなのは，「少人数学習推進事業」である。これはふるさと教育での実践をふまえつつ，授業力の向上という観点から，少人数学級と少人数学習に重点をおいて実施されてきたこれらは学力向上政策の比較的大きな柱である[58]。

秋田県で実施されている少人数教育の目的は，現代日本で「少子化が進行する中で，子ども一人一人の能力をしっかりと伸ばすこと」にある[59]。具体的には，小学校1・2年生と中学校1年生で，秋田県独自の事業として，クラスの人数自体を減らす少人数学級の取り組みが展開されている。これは，学級それ自体のサイズを小さくし，児童生徒一人ひとりを把握し，児童生徒の生活の安定と学習の基盤を育むためである[60]。なお，教員の加配は，教員数を増加するのみでは有効性に乏しいため，2002（平成14）年度からは秋田県が実施する学習状況調査や加配校訪問などをふまえつつ，その配置が行われている[61]。小学校3～6年生および中学校2・3年生では，2001（平成13）年度から，国の第7次定数改善計画にもとづいて，教員の加配を受け，全国に先駆けて「少人数授業」を実施している[62]。

少人数教育の実施にあたり，各学校や市町村教育委員会は，その効果について，数値目標を含めた計画書を作成し，秋田県教育委員会に報告する[63]。これに各学校などは，加配によりどのような取り組みをしたいのか，あるいはで

きるのかを記載することになる。なぜなら，各学校に教員一人を配置するだけではなく，これが少人数教育の活用法を考えることを促し，各学校は自らが抱える課題を確認し，その改善を図ることにつながるためである[64]。

教員の加配措置と学校経営の改善は，どのような関係にあるのだろうか。秋田県では市町村教育委員会などが自らの課題を出し，市町村が主体となって少人数学習に取り組むが，これを形式だけで終わらせないために，その成果は学習状況調査で確認し，さらに課題を明確にする。こうして，市町村教育委員会や学校は，指導法の改善のための施策をとる。具体的には，教師同士が打ち合わせをもって，改善に向かって取り組む。そして，学校経営における PDCA サイクル（Plan：計画— Do：実践— Check：評価— Action：改善）の構築をめざしている[65]。教員加配は，市町村教育委員会が各学校の実情に応じるかたちで実施されており，秋田県教育委員会は加配にあたり，利用すべき教科などの特定はしておらず，市町村教育委員会や各学校の自由度が高められている[66]。あわせて，その成果について，指導主事が教員の加配に関する訪問指導を実施したり，あるいは実践事例集の作成を行っている[67]。

(3) 秋田県における教師の授業力向上に向けた取り組み

秋田県でも，第2節でみた福井県と同様，教師の授業力向上のための取り組みとして「教育専門監」の配置が行われている。これは「教科指導に卓越した力を有する教諭の資質能力を複数学校に活用し，学校の教育力を高める」ことを目的としている[68]。また教育専門監は，各市町村教育長からの申請にもとづき，県教育委員会が教科指導の観点から審査し，認定する[69]。

教育専門監となった場合の教師の勤務形態は，本務校をもちつつ，他校を兼務するかたちで，複数校の授業を担当する。たとえば，月曜日はA校，火曜日はB校，水曜日はC校というかたちで，同校の教師とチーム・ティーチング（T・T）を行い，協力して授業を実施し，これにより授業力の波及効果をもたせる[70]。そのほか，教育専門監には，「教育実践の公開」や「市町村内各

種研修の講師」「関係教育機関の要請への対応」といった役割も期待されている[71]。本事業は，2006（平成18）年度からの実施であり，2008（平成18）年度の教育専門監は15人で，その教科は国語，算数・数学，理科，社会，英語となっている[72]。また，教育専門監は，加配の扱いで配置され，原則として1年契約であり，年2回行っている指導主事連絡会議にも参加して，学校が抱える課題解決のための方策をもとに協議している[73]。教育専門監の認定にあたって，特別な待遇はなく，その年齢構成は中堅の先生が多い[74]。

(4) 学校活性化アンケートの実施

そのほかの学力向上とかかわる取り組みとして，秋田県では，1998（平成10）年度から，学校規模により，20～30％の抽出で，県教育委員会による学校活性化アンケートを実施してきた[75]。本アンケートは「開かれた学校づくり」を目的に，市町村教育委員会の了解を得て実施され，アンケートの回収は市町村教育委員会が，その分析は県教育委員会が行い，その結果が学校にフィードバックされる[76]。これは，保護者や子どもの生の声を学校にかえすことになり，各学校も学校経営に活かし，学校の意識の向上に役立っている。なお，2008（平成20）年から国の施策として学校評価が各学校に義務づけられたことで，2007（平成19）年に県の事業としては終了したが，これは県にとっても教育施策を考えていくうえでの有効な調査であった[77]。

秋田県では，以前から児童生徒の理数教科への課題が根強くあったが，県独自の学習状況調査により，算数・数学，理科に課題がみられたため，とくに県教育委員会に算数・数学学力向上推進班を設置し「算数・数学学力向上事業」に取り組んでいる[78]。

第5節 おわりに

以上，生涯学力を「生きる力」との関係でとらえつつ，日本における学力観

を確認したうえで，福井県における学力向上施策，秋田県における学力向上施策をそれぞれみてきた。

　現代日本の学校教育では「生きる力」の育成が求められているが，これは学校教育法にもあるように，「生涯にわたり学習する基盤が培われる」ことをめざしている。

　そして福井県では，学力向上施策でめざす学力を「生きる力」にとどまらず，規範意識なども含めた「総合的な学力」と考えていた。そして，このような学力を児童生徒に育成するために「元気福井っ子新笑顔プラン」として，地域のボランティアや非常勤講師を活用しながら少人数教育を実施し，あわせて，教師の授業力向上のために，授業力の優れた教師を「授業名人」として認定し，これらを核にした取り組みが行われていた。このように，学力向上のため，福井県では教育行政の役割としては，ハード面として少人数などの学習体制づくりを行い，そのうえでソフト面として教師の授業力の向上をめざして施策を実施していた。

　秋田県では，1993（平成5）年から独自に取り組んできた秋田県に独自のふるさと教育と少人数教育をベースとして，「生きる力」を育てるための学力向上への取り組みが行われていた。あわせて，福井県と同様に，教師の授業力向上をめざして，授業力のある教師を教育専門監に認定し，その効果を各学校に波及させる事業を展開していた。少人数学習の教員加配や教育専門監の認定などについても，秋田県では，市町村教育委員会や各学校の主体性や独自性を尊重する姿勢がみられた。

　福井県と秋田県における学力向上への取り組みの共通点は，少人数教育の実施と教師の授業力向上の取り組みである。そして，両県ともに，児童生徒の学力向上には，教師の指導力の向上が不可欠と考え，両方をセットでとらえていた。つまり，児童生徒の学力向上とともに，教師の授業力をアップさせることを中心にして学力施策が講じられているのが特徴である。少人数教育においては，両県とも小学校低学年で児童に学校生活になじませ，安定した生活を送れ

るような配慮があり，また小学校から中学校へあがる段階での「中１ギャップ」への手厚い対応が特徴的である。そして学校教育を幼稚園あるいは小学校から高等学校まで一貫したかたちでとらえて，学力向上をめざしている点も共通している。

　福井県と秋田県は，それぞれの地域性をうまく学力向上施策に取り込もうとしている。たとえば，福井県では，地域と学校のつながりが緊密であることを活用して，少人数教育における非常勤講師やボランティアとして学校に協力する体制を整え，また福井型コミュニティスクールとして，地域―学校―家庭の関係を制度化しようとしている。また，秋田県では，ふるさと教育をベースに学力形成を含めた学校教育への取り組みが行われている。

　福井県や秋田県におけるこのような学力向上施策は，小・中学校を中心として「生きる力」を明確に意識して取り組まれている。これらの施策は，従来の知識の暗記などを中心とした学力とは異なり，生涯学力の観点からみて深くかかわるものであった。

　しかし，本稿では教育委員会による施策をみてきたため，各小・中学校における生涯にわたっての学習の基盤づくりへの具体的取り組みは十分にみることができなかった。今後の課題としては，学力向上施策が，授業の取り組みをはじめとして各学校レベルでどのように展開されているのかを分析し，検証していかなくてはならない。また，教育施策のみならず，世帯の状況や地域の産業構造など社会的・経済的環境とそれによる影響から学力向上施策や児童生徒の学力状況をみていく必要がある。

大迫　章史（仙台白百合女子大学）

注
1) 文部科学省『平成18年度　文部科学白書』2007年, 95頁。
2) 文部科学省『平成20年度　文部科学白書』2009年, 86頁。
3) 志水宏吉『学校にできること　一人称の教育社会学』(角川選書480), 角川書店, 2011年, 166〜170頁。

4）松下佳代「まえがき」松下佳代編著『〈新しい能力〉は教育を変えるか 学力・リテラシー・コンピテンシー』ミネルヴァ書房，2010年，ⅰ頁。
5）松下佳代「〈新しい能力〉概念と教育」同上書，9～10頁。
6）前田耕司「学習社会における『生涯学力』形成の課題―『生涯学力』概念の枠組みに基づく考察―」日本学習社会学会『日本学習社会学会年報』第5号，2009年，54頁。
7）執筆者は，2009年2月27日に秋田県教育委員会（秋田県教育庁義務教育課）への訪問調査を，2010年3月8日に福井県教育委員会（福井県教育委員会事務局義務教育課）への訪問調査を実施した。なお，本調査にご協力下さった両教育委員会のご担当者には，ここに記してお礼申し上げたい。
8）9）総務省『平成17年度　国勢調査』（総務省ホームページ：http://www.stat.go.jp/data/kokusei/2005/index.htm 2011年4月29日確認）。
10）阿部昇『頭がいい子の生活習慣　なぜ秋田の学力は全国トップなのか』ソフトバンククリエイティブ，2009年。浦野弘『秋田の子供はなぜ塾に行かずに成績がいいのか』講談社，2009年。太田あや『ネコの目で見守る子育て　学力・体力テスト日本一！福井県の教育のヒミツ』小学館，2009年。
11）中央教育審議会「21世紀を展望した我が国の教育の在り方について」（第1次答申），1996年7月。
12）～14）文部科学省『平成18年度　文部科学白書』2007年，95頁。
15）16）文部科学省『平成20年度　文部科学白書』2009年，85頁。
17）同上，87頁。
18）福井県教育委員会「総合的な学力をはぐくむために―学力向上プラン改善のための視点『3つの柱・9つの観点』をとおして―」（文部科学省ホームページ：http://www.mext.go.jp/a_menu/shotou/gakuryoku-chousa/sonota/detail/1290223.htm 2011年4月29日確認）。
19）～21）福井県教育委員会義務教育課担当者へのインタビューによる。
22）福井県教育委員会「ふくいの子育て　ふくいの教育―家庭・地域・学校の良好な『環境』と相互の『連携』が教育力を高める―」（福井県教育委員会義務教育課訪問調査での配付資料）。
23）～25）福井県教育委員会義務教育課担当者へのインタビューによる。
26）前掲22）。
27）～29）福井県教育委員会義務教育課担当者へのインタビューによる。
30）31）前掲22）。
32）～35）福井県教育委員会義務教育課担当者へのインタビューによる。
36）37）前掲22）。
38）～40）福井県教育委員会義務教育課担当者へのインタビューによる。
41）福井県教育委員会「実りある学校評価をめざして」（福井県教育委員会訪問調査での

配付資料)。
42)〜45) 福井県教育委員会義務教育課担当者へのインタビューによる。
46) 秋田県教育委員会『平成20年度学校教育の指針』平成20年, 3頁。(秋田県教育委員会訪問調査での配布資料)。秋田県教育委員会義務教育課担当者へのインタビューによる。
47) 同上, 4頁。
48)〜50) 秋田県教育委員会義務教育課担当者へのインタビューによる。
51) 52) 前掲46), 5頁。
53) 秋田県教育委員会義務教育課担当者へのインタビューによる。
54) 前掲46), 2〜3頁。
55) 同上, 3頁。
56) 57) 秋田県教育委員会義務教育課担当者へのインタビューによる。
58) 秋田県教育委員会義務教育課担当者へのインタビューによる。
59) 秋田県教育庁義務教育課「秋田県における学力向上の取組について」(秋田県教育委員会訪問調査での配布資料)。
60) 61) 秋田県教育委員会義務教育課担当者へのインタビューによる。なお, 2005 (平成17) 年からは, 市町村が各学校への加配を主体的に決めている。
62) 前掲59)。
63)〜67) 秋田県教育委員会義務教育課担当者へのインタビューによる。
68) 前掲59)。
69) 70) 秋田県教育委員会義務教育課担当者へのインタビューによる。
71) 72) 前掲46), 3頁。
73)〜78) 秋田県教育委員会義務教育課担当者へのインタビューによる。

第4章
学校教育と生涯学力形成
―生涯学力の基盤を形成した「水」の総合学習―

第1節　はじめに

　便利な世の中である。家にいて水道の蛇口をひねればきれいな飲み水が自然と出てくる。これが現代の便利である。しかし，その水が「どこから」「どうやって」「どのように」届いてきたのか多くの人は興味を示さないし，知ろうともしない。水は私たちの命の元であり，1日も欠かすことができない最も大切なものであるのにかかわらず。

　以前より，筆者は山から生まれたばかりの一滴の水を子どもたちに飲ませたいと考えていた。そして，この「水」の学習こそ，生活のなかから課題を見つけ探求活動を行う総合学習に最もふさわしいものであると考えていた。そこで筆者は，教職員とチームを組んで「水」の総合学習を推進することにした。本稿では，筆者が校長として勤務した神奈川県相模原市立宮上小学校での総合学習の授業実践を紹介し，生涯学力の基盤づくりについて考えてみたい。

　宮上小学校では1990年より総合，生活科の研究をはじめた。2001年に日本生活科・総合的学習教育学会全国大会が本校で開かれ，日本の総合の先駆けとなる研究発表を行った。また，筆者が赴任した2年目の2006年には，地域と一体となった川の清掃活動が認められ日本石けん業界の主催する地球ぴかぴか大賞を受賞した。さらに，2008年度関東地区生活科・総合的な学習研究協議会神奈川大会で水と環境についての研究成果を発表した。このように総合，生活科の研究の取り組みは18年間にわたり，宮上小学校の学力そのものであった。しかし，昨今，「ゆとり教育が学力低下をもたらした」とマスコミが報道

し，社会全体が総合学習を学力低下の元凶であるかのような風潮になった。そんな逆風のなかでも，宮上小学校では，「本当の学力」を伸ばすことができるのは総合学習であると考え授業実践を継続してきた。

第2節 「水」の総合学習の2年間の学習計画（第3，4学年）

2006年，山間部の津久井地区との合併により新相模原市は自然豊かな都市になった（図4-1）。そこで私は水を中心とした環境教育を進める絶好の機会であると考えた。しかし，新しい取り組みなので具体化するなかで解決しなけ

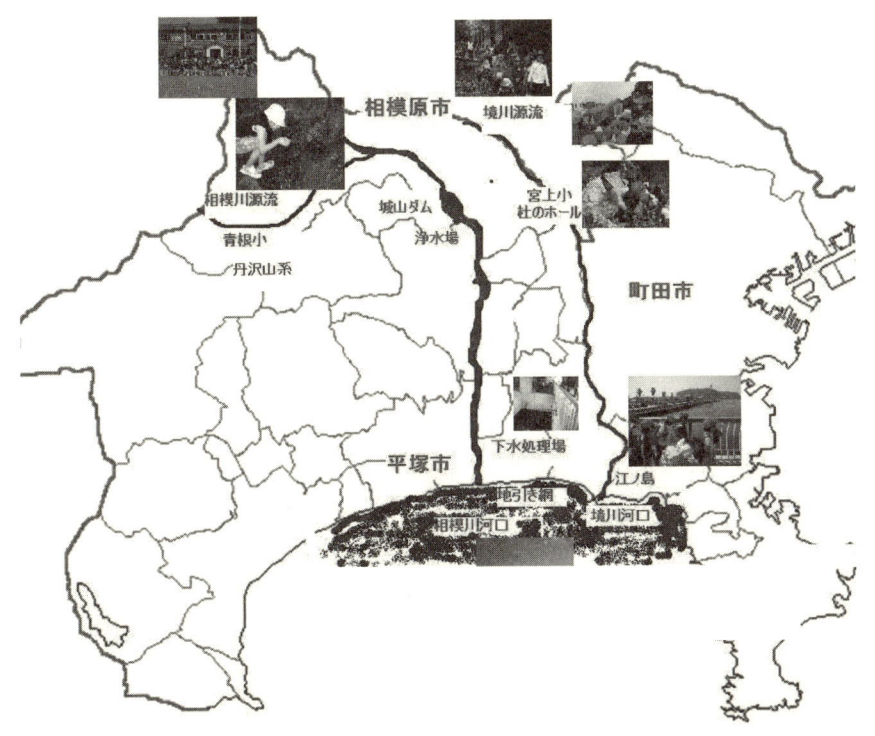

図4-1　相模川・境川学習全体地図

ればならない課題も多く出てきた。そこで，その推進役として第3・4学年に環境教育に意欲的な職員を配置した。さらに総合的な学力を伸ばすためと授業時間の確保のために教科横断的なカリキュラムを編成し，以下のような内容で実施した。

写真4-1　ボランティア清掃

2006年度　3年生（地域の川・境川総合学習）
　4月・ボランティアと花壇整備（総合，特別活動）
　5月・生物観察と清掃活動（理科，道徳，国語）
　6月・新相模原市の学習（社会）
　7月・専門家と水生生物の観察・調査（理科）
　9月・山間部の青根小学校訪問（総合，社会）
　　　・子ども交流と相模川水源地の探検（理科，社会）
　11月・保護者を招き発表会（総合）
　　　・境川河口江ノ島探検（社会，遠足）
　12月・境川源流大地沢探検（総合，理科，社会）
　2月・横浜青少年ホールで発表（音楽・総合）
　3月・休日子どもが自主的にゴミ拾い（道徳・特別活動ボランティア）（写真4-1）

　3年生では，境川の上流・中流・下流を実際に訪れ自分の肌で感じた。その体験をもとに合併によって同じ市内になった山間部の青根小学校と交流し，津久井の自然と人のすばらしさを学んだ。子どもは食べられる魚が住んでいる相模川上流の水のきれいさに驚き，境川をもっときれいにしたいと考えた。

第4章 学校教育と生涯学力形成　65

写真4-2　水道局の説明　　　写真4-3　青根小学校訪問の打ち合わせ

2007年度　4年生（水源の川・相模川総合学習）
　4月・水源のダムや浄水場を見学（社会，国語）
　5月・水道局の人から水道の学習（社会，国語）（写真4-2）
　7月・2回目の青根小学校訪問，子ども交流（校外学習）（写真4-3）
　　　・相模川水源地で湧水を飲む（社会，理科）
　9月・相模川河口で地引き網体験（社会，理科，国語，遠足）
　　　・下水処理場を見学（社会，理科）
　　　・下水道局の人から水浄化の実験学習（理科）
　10月・連合音楽会で他校に研究成果を発表（音楽）
　11月・発表会交流校の児童・保護者を招待（総合）
　2月・市民ホールで保護者に音楽発表（総合，音楽）
　3月・デザインコンテストで多くの児童が入賞（図工）

　　4年生では，3年生で学んだことをもとに相模川の学習を進め，水の大切さを学んだ。子どもは丹沢では水源林の生まれたばかりの冷たいおいしい水を飲み，相模川の河口では地引き網を体験し，山と海が川でつながっていることを学んだ。

第3節　生涯学習につながる「水」の総合学習

　総合学習の大きなねらいは児童生徒の「生きる力」を育むことである。この「生きる力」とは学校教育の範囲にとどまらず，生涯にわたり学習する力である。そこで，この総合学習をはじめるにあたり生涯学習の観点から4つの学習目標を設定した。
　⑴　本物の自然体験をする
　⑵　本物の人物から学ぶ
　⑶　子ども自らが課題探求をする
　⑷　社会に貢献する
　次にそれぞれの学習目標の取り組みについて述べる。

⑴　本物の自然体験をする

　本物の自然体験をすることによって感動が生まれ，それが学習の大きな原動力になる。今はテレビやインターネットで鮮明な映像を見ることはできるが一時的であり深く心を動かすことにつながらない。したがって，本物を自分の目と耳と肌で感じる自然体験が学習を進めるうえで大変重要になってくる。
　①初めての青根小学校で豊かな自然と人に感動
　青根小学校の3年は1人，全校児童は24人しかいない山間部の小規模校である。筆者は事前に青根小学校の校長に会い，交流することの意義について話し合った。青根小学校では多くの子どもと接することにより変化の少ない人間関係に対する刺激になり，宮上小学校では自然とそこに住む人のやさしさと知恵を学ぶことができる。すぐに意見は一致し，積極的に交流を進めることとなった。
　9月に子どもを連れて青根小学校を訪れた。木造の校舎と黒光りする階段の手すりに宮上小学校の子どもは驚き，青根小学校の子どもは108名の子どもの

写真 4-4　両校児童が集合　　　　写真 4-5　青根小学校 6 年の説明

多さに驚いていた。交流会は青根小学校の校歌を全員で歌うことから始まった。青根小学校では大正時代，林業全盛のころは 130 名の小学生がいたと聞いたが，その時以来の大きな歌声が谷間に響いた（写真 4-4）。

　午後からは青根小学校 6 年の案内で，学校から 10 分ほど離れた相模川の河原に行った（写真 4-5）。子どもは，川の水のきれいさや流れの勢いに驚いた。さらに，食べられる魚が泳いでいることを聞いて，きれいになったとはいえ，まだ食べられる魚の泳いでいない境川と全然ちがうことに気づいた。この言葉から境川をもっときれいにしたいという子どもの思いは高まった。

② 2 回目の青根小学校で湧き水を飲み，沢に飛び込む

　再び青根小学校を訪れることになった。今度は 2 回目の訪問であり，青根小学校の児童はもちろん，村あげての出迎えとなった。今回は，中流の串川小学校も参加することとなった。友だちとの再会を喜ぶと，すぐに三校合同で水源林に出かけた。そこでは，森林組合の人から木を切る道具やなぜ木を切る必要があるのか説明を聞いた。

　次に間伐され整備された森のなかに入り，水源林を切る意味を自分の目で確かめることができた。さらに沢に入り，全員で水を飲んだ（写真 4-6）。子どもの感想は，「なんて甘いのだろう」「冷たくおいしい」である。この感動がこれからの学習意欲につながっていった。

　昼食は山の水で育ったおいしい米を青根小学校の PTA が釜で炊いて，おにぎりを作ってくれた。食事のあと，子どもたちは服を着たまま次から次へと滝

写真 4-6　水源林で水を飲む　　　　　写真 4-7　滝壺に飛び込む

壺に飛び込み遊んだ（写真4-7）。自然が子どもの冒険心を目覚めさせた。

③湘南海岸での地引き網体験

秋の遠足で茅ヶ崎を訪れ，相模川の河口を見学し，海岸で地引き網体験をした（写真4-8）。自分で引き上げた網の中にはシラス，いなだ，

写真 4-8　湘南で地引き網

ふぐ，クラゲ，エイなど子どもが見たこともない魚がいて驚いた。そこで，漁師さんから「ダムができて，砂がなくなり海岸が後退した」「山が豊かでないと海の魚がとれない」と聞き，子どもはここで初めて山と海が川を通してつながっていることを実感し，水源林の大切さを意外にも海で知ることができた。

(2)　本物の人物から学ぶ

ここでの本物の人物とは，何かに一生懸命取り組み，物事に精通した人のことである。本物の人物の言葉や雰囲気は，不思議と人をひきつける。教科書や本で学ぶことは重要であるが本物の人物との出会いは学習意欲をさらに高める。

①地域ボランティアとの出会い[1]

●林業会社社長佐藤さんの思い　　佐藤さんは消防署を早期退職して，ふる

写真4-9 花壇ボランティア　　写真4-10 境川源流探検

さと青根の荒れた森を再生するために会社をおこした人である。三校交流のために会社を休業にして子どもたちを迎えてくれた。この日に合わせて学校林を整備し，子どもが沢に下り，水を飲むための道をつくってくれた。水源林の大切さを語る佐藤さんの話を子どもは目を輝かせて聞いていた。

●地域ボランティアと花壇整備　　何十年にわたり，地域ボランティアの斎藤さん夫妻の協力で3年がパンジーを土手に植えている（写真4-9）。自治会の人をはじめ多くの地域の人は，子どもとの交流を心より喜んでくれる。このように学校と地域が一体となって境川をゴミの川から市民の憩いの場とした。

●保護者ボランティアの協力と話し合い　　校外学習は安全のために保護者に引率をお願いしている。保護者も初めて見る源流（写真4-10）や河口に大変興味をもち，子どもと一緒になって体験学習に参加するようになった。子どものみならず保護者自身も体験が不足していて学び直しの大きなチャンスとなった。

あじさいキラキラ発表会では三校のPTAが話し合いを行った。上流，中流，下流の学校のそれぞれの長所や課題を各校の校長も参加するなかで話し合われた。保護者同士がコミュニケーションをとることでボランティア交流発展の可能性が高まった。

②行政も積極的な支援[2)]

●専門家も境川学習を支援　　神奈川県土木事務所や内水面試験場，相模原

写真4-11　専門家と体験教室　　　　写真4-12　県職員と源流地帯へ

市河川課，環境ボランティアの協力で水生生物を観察する授業が行われた（写真4-11）。学校のそばの境川河岸は建設省が水辺や自然を親しむために河川改修した場所であり，行政も積極的に環境学習にかかわってくれる。専門家の指導で，子どもは夢中になって魚や水生動物を観察していた。体験授業が終わったあと専門家は子どもたちの取り組みを大変ほめてくれた。大人からほめられて，子どもたちの学習に対する意欲はさらに高まった。

●神奈川県も水源林の学習を支援　青根小学校2回目の訪問は，神奈川県の事業である上下流域小学校等交流事業の認定を受けて行われた。これは，豊かな水資源とこれを育む自然環境を守るために上下流域の学校が水源地で体験をとおして交流する事業で，県知事室・政策局土地水資源対策課の職員が積極的にかかわってくれた。下流の宮上小学校，中流の串川小学校，上流の青根小学校は，県で初めて認定を受けて交流の補助を受けた。実際の交流には交通費などお金がかかるので，筆者は保護者の負担を減らすためさまざまな機関に働きかけた。また，県高相津久井事務所森林保全課の職員も，水源林の学習のために何回も学校や現地に足を運んでくれた（写真4-12）。県も子どもたちに豊かな自然を残すために環境教育に積極的に協力してくれた。

(3) 子ども自ら課題探求をする

　日常の学校では教師が主導して授業を進めていくかたちが行われているが、「水」の総合学習では子ども自らが課題を設定し、体験をとおして問題解決していく授業をめざした。学校では教師がいるので、わからないことがあっても教えてくれる。しかし、社会にでれば自らが問題解決をしなければならない。よって生涯にわたり「生きる力」を育むためには仲間同士で課題を見つけ問題解決する力が必要となってくる。そこで、この総合学習では、第一に子ども主導を掲げた。しかし、ただ子どもにやらせ放しの教育ではなく、教師は徹底した教材研究を行い、子どもを盛り上げ、ときには追い込むことで子どもがすべきことを具体的にイメージさせた。

　また、一般的に総合学習は、取り組みに時間がかかるので体験をすれば終わりという授業が多い。しかし、この「水」の総合学習では、教室において子どもが徹底的に話し合い課題を明確にして体験に臨んだ。次の授業は4年の取り組みである。

① 2007年5月上旬～7月中旬　単元名「水の大切さを知ろう」
・ねらい　課題を自分たちで決め、実際に現地に行って解決したいという強い思いをもたせる。
・課題把握　4年になり、社会科では「くらしと水」の学習を行った。「顔を洗う」「お風呂に入る」「食事をする」など水は生活に欠かせない存在であることに子どもは気づき、その水がどこからやってくるのかという疑問をもった。近くの川や湖の水は、水道水とちがって「泥や砂が入っていて飲めない」「このままでは飲めそうもない」「どうしたら飲める水になるのか」という課題をもって授業がスタートした（写真4-13）。はじめ

写真4-13　年間課題を決める

に，ダムや浄水場に見学に行った。そこには水がいっぱいあるが，どのようにしてきれいな水が学校や家の蛇口まで届くのかますます疑問が広がった。
・社会科から総合学習へ　社会科から総合学習に移行するなかで，より深く課題を掘り下げるために，一人ひとりの子どもが疑問に思ったことや追求してみたいことをカードに書いた。次に，そのカードをもとに，全員で話し合い，課題を絞った。

　　a　なぜ人間は緑のダム（水源林）を切ってしまうのか
　　b　ダムはどのくらい水量があるのか
　　c　下水処理場では，どのようにして水をきれいにしているのか
　　d　自分たちはどれくらい水を使っているのか

　課題が決まったところで，わかったことを共有するための発表会を開くことと，友だちにわかりやすく伝えるために表現する工夫が必要であることを伝えた。子どもからは，調べる時間，調べたことをグループ内で伝え合う時間，メモをまとめる時間，発表の練習をする時間が必要と意見が出てきた。
・学習形態の工夫　話し合いは4～6人の少人数のグループで行われ一人ひとりの子どもの意見・アイデアが反映され，意欲的な話し合いが行われた。さらに，グループに分かれて課題を追求するなかで，教師が的確なアドバイスを与えるためにポートフォリオを活用した（図4-2）。このポートフォリオで，教師は子どもの考えをつかみ授業を再構築することができた。

　この単元では，主に教科書や資料集，本やインターネットなどから調べたことを発表した。しかし，調べれば調べるほど子どもから疑問が出てきて，実際に水源林や下水処理場にいって解決したいと強く思うようになった。

　②2007年9月～2008年2月　単元名「節水を呼びかけよう」
・ねらい　実際に節水を実行するうえでPDCAサイクル「アンケート調査→計画実行→活動の見直し→新しい手だて」を子どもの考えを生かしながら身につけさせる。
・話し合いと課題解決　1学期の水に関する調べ学習のなかで，水の使用料の

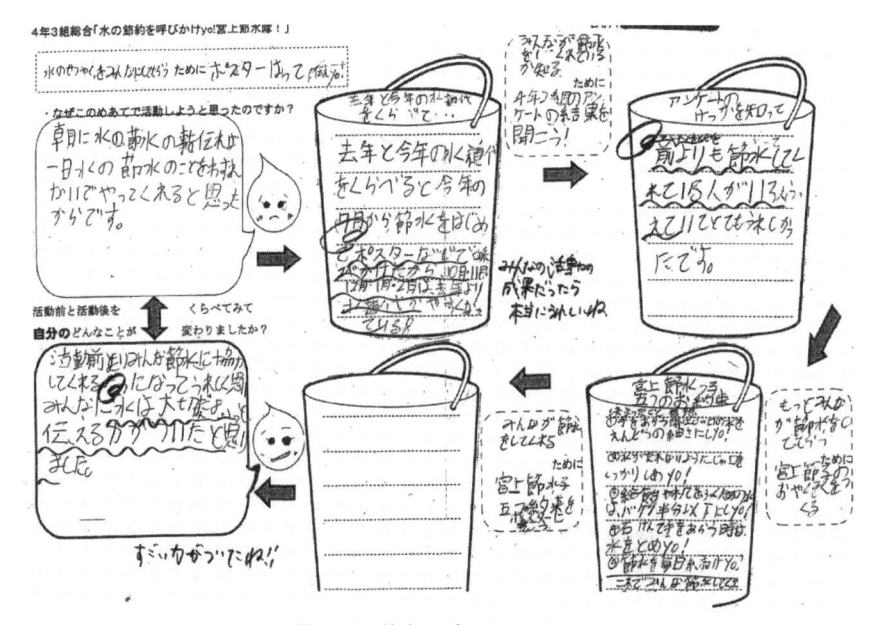

図4-2　節水のポートフォリオ

多さに驚いた子どもは，「このまま水を使い続けていたら水はなくなってしまうのではないか」という疑問を城山ダムにFAXで問い合わせた。すると，「毎日プール1700個分ずつ使われる」と聞いて，水がなくならないかと不安になり自分たちにできることを話し合った。その結果，クラスで節水に取り組むことになった。しかし，2学期に入り7月の学校の水道使用量を見ると，自分たちの努力にもかかわらず去年より多いことがわかり落胆した。しかし，教師はここで子どもを励まし，原因を考えるようにアドバイスした。すると，子どもは，自分のクラスだけ節水しても水の使用量を減らすことはできないので，全校の子どもや家の人にも水の大切さを伝えようと考えた。そして「全校のみんなに節水を呼びかけよう」を学習の目標とした。

・活動目標の具現化　節水会議を開いて，節水を呼びかけるためのアイデアを出し合い，そのなかで自分たちのできそうなことを話し合った。その結果，次

の活動をしていくことが決定した。
  ・節水を呼びかけるポスターを廊下の掲示板に貼る
  ・節水を校内放送テレビで呼びかける
  ・水の大切さを伝える漫画を掲示板に貼る
  ・節水カードを作る
  ・朝，校門であいさつしながら，節水を呼びかける
  子どもたちは，それぞれの仕事を分担して責任をもって取り組んだ。
・アンケート調査　子どもは，全校でアンケートを取ることを事前に校長である筆者にお願いに来たので，これまでの取り組みを高く評価し，励ました。そして「みんなは水を大切に思っているのか」「今どのくらいの人が節水しているのか」を調べるために，全校の児童に水に関するアンケートを実施した。結果を集計したところ，学校のほとんどの人が水を大切に思っているにもかかわらず，節水をしている人は学校の半分より少ないことがわかった。節水の仕方がわからない人が多いのではないかという意見がでたので，実際に節水方法を伝えることになった。
・節水の工夫　子どもたちは，毎日の生活を振り返りながら多くの意見を出した。
  ・給食台をふいた雑巾をゆすいだバケツの水で，瓢箪に水をあげよう。
  ・掃除で水拭きをする時には，流しで雑巾をすすぐのではなく，バケツにくんだ水をみんなで使おう。
  ・蛇口の水を出しすぎないようにしよう。
  ・シャワーをこまめに止めるようにしよう。
  ・トイレの大小のレバーを使い分けよう。
  具体的かつ日常生活のなかで実行可能な意見が数多く出された。
・節水の呼びかけ　ビデオ放送でアンケート結果を知らせるとともに，節水の仕方を紹介し，廊下や水道場に貼ってあるポスターを見ながら節水に協力してほしいという思いを伝えた。また，楽しく節水に取り組んでもらえるように，節水をしたら1マスずつ色を塗ることができる「節水カード」（図4-3）をク

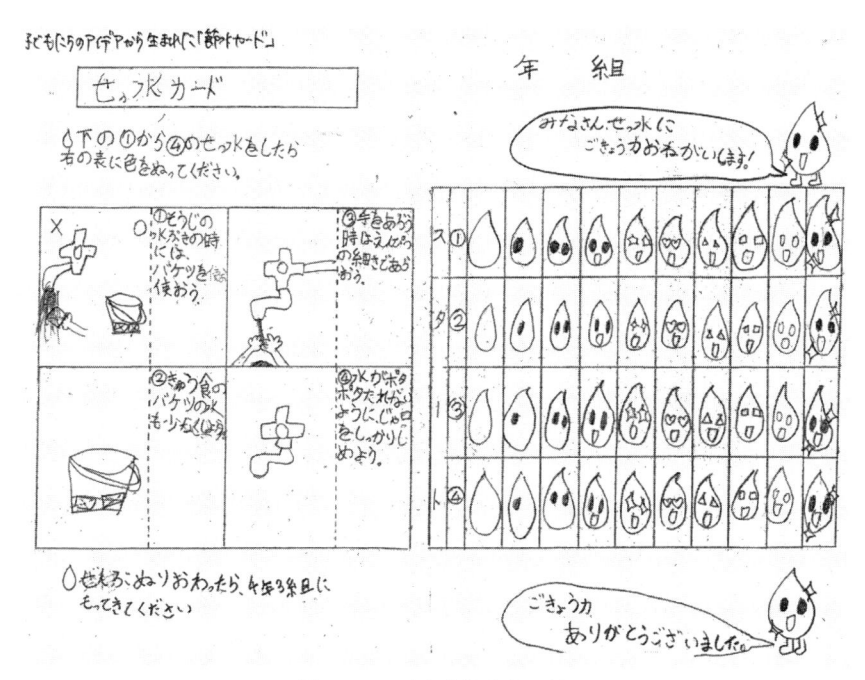

図4-3 工夫した節水カード

ラスに配布した。

③ 2007年9月　単元名「下水処理場を見学しよう」
・ねらい　疑問に思ったことは現地に行ってとことん追求することを学ばせる。

　子どもたちは，下水処理場でどのようにして水をきれいにしているか，とても興味をもった。そこで，9月の遠足で相模川河口近くの柳島下水処理場（写真4-14）に社会見学に訪れた。下水道局の職員に説明を受けながら施設を見学し，汚い水が少しずつきれいになっていく説明を聞いた。しかし，学校に帰ってから子どもはどうしても微生物が汚物を分解する様子を知りたくなり下水処理場に電話した。すると職員が学校に来てくれて理科室で実験（写真4-15）をすることになった。

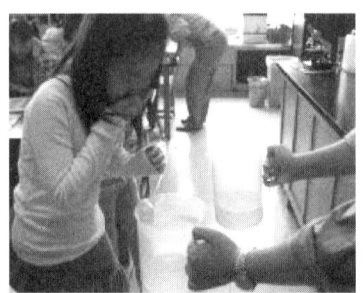

写真4-14　下水処理場見学　　　写真4-15　微生物で分解実験

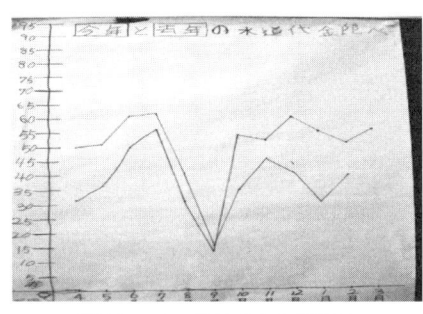

写真4-16　学校の水の使用量　　　図4-4　水道代金比べ

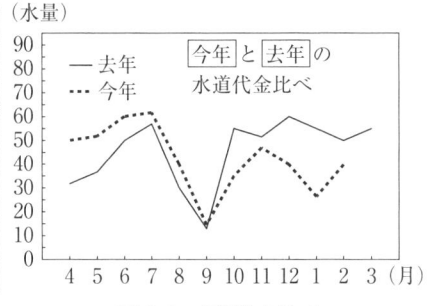

④ 2008年2～3月　単元名「宮上節水隊のまとめをしよう」
・ねらい　自分たちの成果に自信を持ち，これからも節水を続ける気持ちをもたせる。

　いよいよ学年のまとめである。子どもたちは1年間の学校の水道使用量を示した数字から折れ線グラフ（写真4-16，図4-4）を書いた。このグラフでは，4～7月までは今年の水の使用量が昨年に比べて多かったが夏以降は逆転して使用量が減ってきた。子どもたちは，全校の児童に節水を訴えたから昨年に比べ水道使用量が減ってきたと喜んだ。
　しかし，本当に自分たちの呼びかけが節水につながったのか確かめようということになり，全校に再度アンケートをとった。その結果，「毎日節水している」

が4カ月で113人増えたことがわかって，自分の行動に自信をもった。そして子どもたちは，5年生になっても節水を続けていこうと強い気持ちをもった。また，節水に協力してくれた各クラスの児童に手紙などでお礼をしようと話し合った。

(4) 社会に貢献する

生涯学習の目的の一つは，自分が学習をとおして豊かな生活を送るためであり，もう一つは，自分が人のために社会のために役立つ人間になることである。よって，生涯学習につながるこの総合学習では，社会に貢献することを学習の目的の一つとした。子どもたちは学習成果をより多くの人に発表し，水を大切にしてもらおうと考えた。

①横浜青少年ホールで発表

3年の2月，学習のまとめとして神奈川県の主催する小中学校の音楽祭に参加し，歌と劇で水の大切さを訴えた。ホールには，県内の児童，生徒，保護者が詰めかけて，発表を聴いてくれた。

②市民会館・杜のホールで発表

4年の10月，連合音楽会（写真4-17）で市内の子どもたちに向けて，水を大切にしようと歌で訴えた。さらに学年末の2月，杜のホールで保護者や地域の人に水が生まれるところ，そして流れ出て海に注ぐまでを思い浮かべながら劇を交えて発表した。その歌声は会場に大きな感動を与えた。

③あじさいキラキラ発表会（総合学習発表会）

この発表会には，交流校の青根小学校，串川小学校の児童，保護者，地域の人を招いた（写真4-18）。子どもたちは，たくさんの人が来ているのでとてもはりきっていた。「なぜ水を大切にしなければならないのか」「どんなことをすれば節水できるか」「水を生み出す水源林の働き」「水源林で働く人の思い」などを，劇や写真，紙芝居，クイズなど工夫を凝らして発表した。

写真4-17　連合音楽会の練習　　　　写真4-18　他校の児童を招待

第4節　1年間の総合学習の成果

　この水の学習を終えて,子どもの思考力,表現力は飛躍的に高まった。
　図4-5はT君が4月にダムと浄水場を見学してから書いた水の循環している様子を示した図である。T君はおとなしくて,自分からほとんど発言しない子どもであったが,理科にはとても興味をもっていた。水源林から流れ出た水がダムに溜まり,上水場,水道の蛇口という流れなど,これまで現地に行って体験したことはしっかりと書いているが,まだ閑散とした図である。また,わかったことを書く欄も1行程度であった。
　図4-6は,同じT君が翌年の2月に学年のまとめに書いた図と言葉である。水が水源から生まれ水道,下水道,下水処理場を経由して浄化されて,海にいたるまでを詳しく書いている。また,水が液体(雨),固体(雪),気体(水蒸気)に分かれて,地球を循環している様子がわかりやすく,しかも詳しく書かれている。さらに,この図のなかに自分の姿が描かれていて,実際に水を使う当事者としての意識が見てとれる。この1年間でT君の意識は,山の一滴の水から海までの水の流れを体験することによって大きく変わってきた。本に書いてあった写真や文字が,頭のなかで立体の映像になって写るようになってきた。

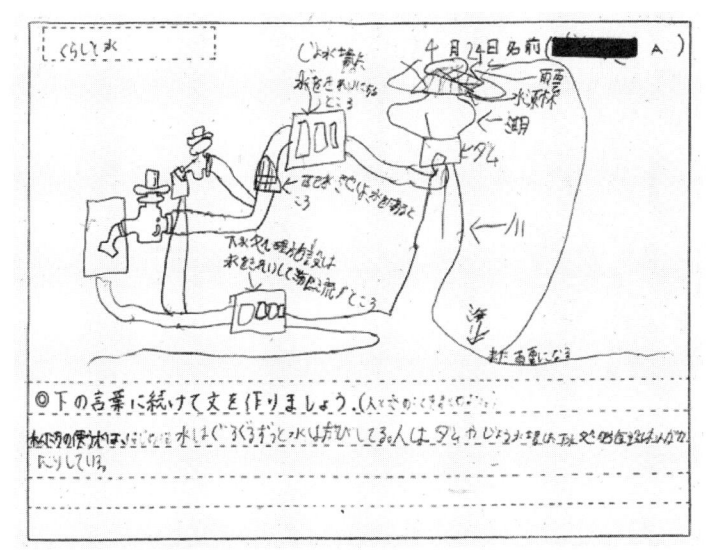

第4章　学校教育と生涯学力形成　79

図4-5　T君の4月の「水の循環図」

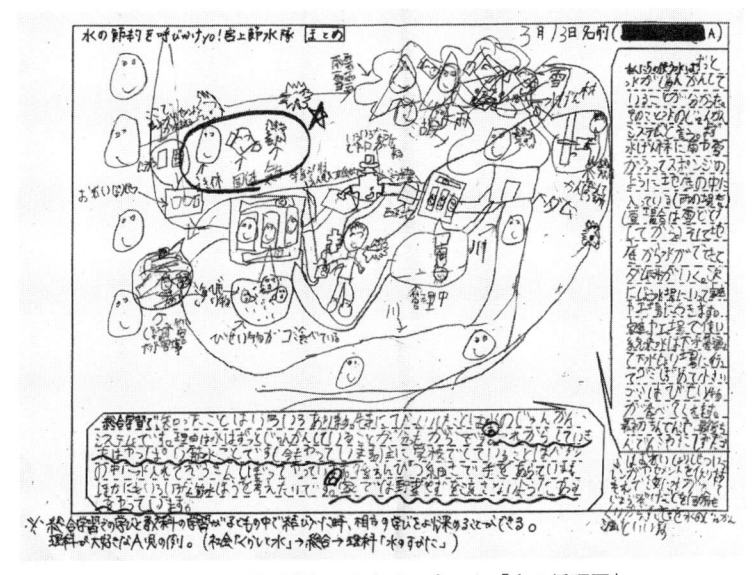

図4-6　T君が学年のまとめに書いた「水の循環図」

この図に書かれている文章は，次のとおりである。

> 私たちの使う水はずっと水が循環していることが分かった。そのこと水の循環システムと言う。まず水源林に雨や雪が降ってスポンジのように地底の中に入っている。(雨の場合)(雪の場合は雪解けしてから)。そして地底から水が出てきてダムに水が行く。次に浄水場にいって家庭や工場で使い終わった水は下水管を通って下水処理場に行ったゴミを沈めて小さいゴミは微生物が食べてくれます。最初，沈殿池，最後沈殿池に沈めたゴミは汚泥処理場にいって煉瓦，セメントを作ります。それで海に水が出て，蒸発したことを何回も繰り返すことを水の循環システムと言います。

　この文章は，短いがわかりやすい表現で書かれている。「スポンジのように地底に入っている」という表現は，実際に水が湧き出ている場所に行って水を飲んできたから出てくる言葉である。一つ一つの言葉に重みがあり，伝えようとする思いが強く感じられる。山の一滴の水が海に注ぐまでを体感することにより，T君は大変深い学びができた。実体験により，旺盛な知識欲が生まれ，さらに豊かな表現力へとつながっていった。

　ほとんど1行程度しか書けなかったT君が，体験することによって，自分の思いをしっかりと表現できるようになった。また，内容もしっかりとした説明文を書けるようになった。体験活動の充実はまさに言語活動の充実につながった。

第5節　小学校の総合学習から生涯学習へ

　この「水」の総合学習で，北は山梨県境の丹沢山地から，南は太平洋の湘南海岸まで神奈川県を南北に縦断する学習となった。自然とふれ，多くの人とふれあうことにより，子どもは学校を飛び出し，社会全体を教室にするようになった。そして，社会全体の課題である環境問題の解決に向けて真剣に話し合い，社会が今，何をすべきかを具体的に明確に示すことができた。

　小学生だからといって，思考力，判断力，表現力が大人より劣るとは思わない。子どもが本来もっている学ぶ力を信じて授業をすることにより，社会を動

かすことができると強く感じた。

　生涯学習社会とはすべての人が年代をこえ，地域をこえて学び合うことである。一人ひとりが少しの勇気をもって伝え合い，学び合うことにより生涯にわたり学ぶことのできる豊かな社会が実現できると感じた。

金山　光一（神奈川県相模原市立鶴の台小学校）

注
 1）関係したボランティア…地元自治会，境川をきれいにする会，東林野鳥の会，相模川を守る会，宮上小保護者ボランティア，青根小保護者ボランティア，NPO法人北相模みどりのダム，森林組合，漁業組合．
 2）関係した行政機関…神奈川県高相土木事務所，神奈川県津久井事務所森林保全課，相模原市土木部河川整備課，神奈川県内水面試験場，神奈川県相模原水道営業所，神奈川県企業庁谷が原浄水場，神奈川県企業庁下水道局，神奈川県土地水資源対策課，神奈川県企業庁城山ダム事務所．

参考資料
遠藤悠子，細野経，内林加奈「境川学習から宮上節水隊へ」2008年度関東地区生活科・総合的な学習研究協議会神奈川大会発表資料
金山光一他「津久井・相模原学校間子ども交流プロジェクト」2007年度相模原市小学校校長会学校経営研究会発表資料

第5章
生涯学力と学習の主体性
―イギリスにおける学習の主体性回復の試み―

第1節　はじめに

　今日，学力をめぐる問題は日本国内のみならず海外諸国においても教育の主要なアジェンダである。それは学力の概念が社会の産業構造の変化に関係しており，現代社会の構成員に求められる能力やスキルが大きく変化する一つの転換期にさしかかっているからである。本書では，現代社会に必要な新たな学力のモデルとして「生涯学力」の概念を提起している。前田耕司によれば「生涯学力」とは「狭義の学校学力とは異なり（その一部は含まれるが），生涯にわたって自己もしくは地域の学習課題に取り組んでいく意欲および自己学習に向かう力」と定義される[1]。さらに前田は，生涯学力の形成には，教育から学習への主体の転換および生活と学習の融合が必要だとしている[2]。つまり，学習が，①学習者自身およびその生活圏という当事者にとってきわめて身近な生活世界と密接な関係を保持しながら，②学習者の主体的な学びによって生涯にわたり継続されることが肝要となる。それではこのような「生涯学力」はどのように形成されるのか。あるいは形成すべきなのか。またそのための学びをどのように支えればよいのかが実践的課題となるだろう。

　「意欲」や「学習に向かう力」といったとらえにくい要素を意図的・計画的に教育活動に盛り込み，またそれを評価するのは容易ではない。本田由紀は，近年の教育政策の「生きる力」に象徴される新しい学力観を「ポスト近代型能力」ととらえ，「近代型能力」と区別している[3]。「ポスト近代型能力」は，「意欲」「創造性」「個性」といった不定形でとらえどころのない要素を多く含

み，その形成を数値的に把握することがむずかしいうえ，形成方法に関する社会的合意ができていないという。このことは生涯学力を含め，新しい学力観には一定程度は共通していえることであろう。

　本稿では，生涯学力の中核的要素である「自己学習に向かう力」について，子どもの主体的な学びに注目しながら，その促進要因の検討を試みたい。実際の教育活動においてはその形成をどのように支援し促進するのかが大きな課題となるからである。次節ではイギリスの教育実践例を参照しながら手がかりを探ることにしたい。

第2節　「創造的な学び」―イギリスの初等教育実践

　イギリスでは1980年代以降の教育改革により，学校の教育課程にも全国的な統一性が求められるようになった結果，1988年教育改革法により「ナショナル・カリキュラム（National Curriculum）」がつくられた。それまで教師が享受していた教育内容に関する裁量には一定の制約が加えられることとなり，1967年の「プラウデン報告書（Plowden Report）」において提唱された「子どもを教育のプロセスの中心に据える」という考えにもとづいたいわゆる「プラウデン主義（Plowdenism）」や「子ども中心（child-centred）」のアプローチは急速に影をひそめることになったのである。

　そのようななか，この両者をバランスよく取り入れた教育実践を続けるクームズ幼児学校[4]（Coombes Nursery and Infant School）（当時）が国内外で注目されてきた。クームズ校での初等教育実践は「創造的な学び（creative learning）」の形成を目標とし，子どもが知識やスキルを自らのものとしながら学習に専念し，学習過程を自分で管理するというものである。かつての子ども中心主義への単純な回帰ではなく，いわば「21世紀のニーズに適った新しいタイプの子ども中心性（child-centredness）」[5]を内包する別種のアプローチといってよいだろう。同校は「ラーニング・スルー・ランドスケープ（Learning through

写真 5-1　イギリスの初等学校の教室　　写真 5-2　イギリスの初等学校の校庭

Landscapes)」においても革新的な取り組みで広く知られている[6]。

クームズ校の教育実践を分析したジェフリー（Jeffrey, B.）とウッズ（Woods, P.）は，その特徴として次の3点をあげている[7]。

① 真正性（authenticity）を確立する。
② 学習者の知識変容を支援する。
③ 協働的な学びを促進する。

生涯学力の形成にも必要なこの三つの要件のうち，①と③について「自己学習へ向かう力」の観点から検討してみたい。

(1) 真正性のある学習と学びの意味

クームズ校での「真正性を確立する」ための指導の要件は「アクティヴ・ラーニング（active learning）」と「肯定的感情の醸成」の2点である。クームズ校の「アクティヴ・ラーニング」は，構成主義的な学習観にもとづき，子どもが外界に存在する「本物」との物理的・精神的結びつきの直接体験をとおして能動的かつ探究的に学ぶ活動をいう[8]。

たとえば，「ロンドン大火（The Fire of London）」の実践で見てみよう。子どもたちは，17世紀にロンドンで発生した大規模な火災について教師から話を聞く。またそれについて作文を書いたり，ほかの子どもと討論をしたりする

作業を通じて「ロンドン大火」という歴史的事実に関する共通理解を形成していく。次に，子どもは保護者と一緒に17世紀のロンドンの建築物の模型を家庭や教室でそれぞれに製作する。模型の製作は歴史の学習のみならず，ものづくり，諸々の技術，火事に対する安全の概念などを同時に学ぶプロセスでもあり，保護者やほかの子どもと協働でものづくりを行うプロセスである。仕上がった模型は1週間ほど算数の教材（方角，計測，形状の認識，モザイク細工など）として使用したあと，皆で屋外に持ち出し，昔の地図に従ってかつてのロンドンの街並みを再現するように配置する。教師や子どもはもちろん，子どもの家族や友人あるいは地域住民が揃ったところで，ロンドン大火の折に出火元となったプディング・レーンの「パン屋」に火が放たれる。火の強さを目の当たりにした子どもたちは興奮しながらも自らがつくった模型がその火に焼き尽くされるのを観察し，さまざまな感情を交錯させるのである[9]。子どもを中心にして教師や保護者が協働で学びを形成し，その過程で大きな興奮，楽しみ，一体感を生じさせながら，子どもの記憶に学習内容をとどめる体験的な学びであり，「協働的な学びを促進する」内容でもある。

　このような「オーセンティック（真正）な課題を設定する」学習の効果は，これまでにも検討されてきた。その鍵は学習課題や活動の「真正性」にあるため，教育内容や活動は子どもの生活世界に存在する身近な「本物」のそれとの関係で構成されることになる。「オーセンティックな課題設定」の考えを引用しながら，鹿毛雅治は「学校で取り組む課題」と「社会で直面する課題」の間のギャップを埋めるため，学習課題を身近な解決課題としてカリキュラム化し，学習者が「心理的な必然性」をもち，主体的に当該課題に取り組むことの必要性を指摘している[10]。それは学習に「レリヴァンス（relevance）」をもたせること，つまり「何のために学習するのか」という問いに現実的意味を付与することであり，学習内容が現実世界との関係や広がりのなかで概念化されるプロセスを形成することが学習の鍵となっている。

　クームズ校のロンドン大火の学習では，火の力や燃え方から火災に対する危

機管理や安全性の概念，さらに建築物の構造やその歴史的変遷などを学ぶことが主な目的である。学習のプロセスでは，建築物のサイズ・強度と資材との関係を模型をつくりながら確認し，またそれを実際に燃やすことで火の勢いと風との関係，あるいはほかの建築物との距離による燃え広がり方の違いなどを学ぶのである。また，火の勢いや熱さに対する興奮や怖れ，あるいは自らが手がけた作品が焼失する悲しみや喪失感という情動は，子どもの「想像力」を介し，17世紀にロンドン大火に見舞われた人々の火災への恐怖や悲しみという「過去の記憶」にまで拡張されていくのである。それは同時に子どもが現在のリアルな生活世界を考えることでもあり，さらに未来へと続く時間的流れをもつ学習でもある。言い換えれば，「本物」の課題による学習が，学習者の想像力を介して「本物」の現実世界への道筋をつけるのである。こういった学習課題の「真正性」が「ロンドン大火」という題材に「心理的な必然性」つまり「学習のレリヴァンス」を付与しており，それが子どもの学習意欲ひいては後述する「自己調整学習（self-regulated learning）」に連動するのである。

(2) 肯定的感情と学習意欲の醸成

ところで，近年のイギリスでは子どもが「学習を楽しむ（enjoy their learning）」ことの必要性が政策的にも強調される傾向にある[11]。ただし，そこでの「楽しさ」は学習成果すなわち学力水準の向上に直接に結びつけられがちである。改めて述べるまでもなく，学習成果は，常に学習後に直ちに現れて容易に計測できるものばかりではない。また学習に付与され得る「楽しさ」も学習前，学習の途上，学習後のいずれかのプロセス，あるいはそのすべてにおいて感知され得るものである点で学習と楽しさの相関関係の見極めの困難さは認識しておかなければならない[12]。しかし，逆に「楽しさ」の不在が子どもや若者の学習を阻害する要因になり得ることもまた明らかにされている[13]。

前述したクームズ校での学習過程における「肯定的感情の醸成」とは，学習に対する肯定的な感情が，認知的レベルと情意的レベルにおける理解を経験に

おいて統合し，学習者を次の行動へと導くものである[14]。興奮，楽しさ，おもしろさ，幸福，自信などの肯定的感情を学習の過程でもつことが次の「アクティヴ・ラーニング」につながるため，クームズ校の教師にとっては，子どもがどのような感情を抱きながら学習に向かっているのかがきわめて重要となる。また，子どもをあらゆる角度から見守り，その良さを見出し受け入れている。教師から適切な指導や支援を受けることで子どもが自らの学習の過程において肯定的な感情をもつに至り，それが次の学習課題に向かう好奇心や知的関心に転換され，学校での学習や自己の存在を肯定的にとらえることにつながる。まさにこの自己肯定感が，学習に主体的に参加するための要件になると考えられているのである[15]。

それでは，子どもが学習を自らのものとし，それに主体的かつ継続的に取り組むためにはどのような働きかけが必要となるのか。次節では「学習に向かう学習」を支え促すために，「学習のためのアセスメント」といわれる「形成的アセスメント（formative assessment）」と学習者の主体性の関係について検討する。

第3節　学習主体とアセスメント

「形成的アセスメント」とは「学習のニーズを確認し，授業を適切に合わせていくための，生徒の学力進捗状況と理解の頻繁かつ対話型（インタラクティブ）のアセスメント」[16]をいう。「形成的アセスメント」は，学習者の「自己制御」という考えから，従来の「形成的評価」を発展させた評価法である。教育活動の最終段階で評価を行う「総括的評価」に対して，その評価を活動のプロセスにおいて行い，教師の指導や子どもの学習の改善の手立てとするのが「形成的評価」である。「評価」と「アセスメント」の違いについてもふれておくと，「アセスメント」は「査定」や「評価」としばしば訳されるが，日本の教育でいえば「見取り」や「見極め」といわれてきた内容に近く，「評価」の

語がもつニュアンスとは少し異なる含意があると考えられている[17]。また，イギリスでは「エヴァリュエーション（evaluation）」が「教育プログラムの内容を価値判断する営み」であるのに対し，「アセスメント（assessment）」は「子どもたちの達成度を評価する営み」として区別されるという指摘もある[18]。

「形成的アセスメント」が「学習のためのアセスメント（assessment for learning）」といわれるのは，それが単に教育や学習の成果を測定し改善するためだけではなく，学習者の主体性を推進力として次の指導や学習につなぐための手法だからである。したがって，「形成的アセスメント」の究極的目標は「自らの『学習の学習』技能（ときどき「メタ認知」方略であるとも称される）の開発に生徒を導くこと」[19]である。ここでの「メタ認知」は，「新しい主題について，どのように学び考えることに取り掛かるのかの自覚を含んでおり，そして時々『考えることについての省察（thinking about thinking）』として見なされる」[20]ものである。そのため，「メタ認知」は後述する「自己調整学習」を構成するうえでの重要な要件となる。

このように見ると，子どもの自己学習を継続的に成立させるには「学習のための学習」方略を身につけるためのアセスメントをどのように行うかが一つの鍵になる。そこで次に，「学習のためのアセスメント」に関するイギリスの実践動向を見ておきたい。

第4節　イギリスの「学習を促進するアセスメント」

イギリスでのアセスメントに関する近年の論議は，英国教育学会（British Educational Research Association）の「アセスメントに関する政策タスク・グループ」から生まれた「アセスメント・リフォーム・グループ（Assessment Reform Group）」（以下 ARG）による調査研究から始まる。ARG は「学習のためのアセスメント」の概念を提起し，これが評価概念を再定義する一つの契機

となった。ARGが調査を委託したブラック（Black, P.）とウィリアム（William, D.）は1998年に『ブラックボックスの中で—教室でのアセスメントによる学力水準の向上（Inside the black box – Raising standards through classroom assessment）』というタイトルのブックレットを公刊し，次のような問題を提起した。基礎学力の向上が大きな政策課題となるなか，子どもや教師はナショナル・カリキュラムに基づく外部試験で高い得点をおさめることが求められるため，学校での教育活動が外部試験に向けた学習に特化する傾向が見られるようになった。その繰り返しは，いつしか教室を再び「ブラックボックス」にしてしまったのではないか。つまり，ブラックボックス（＝教室）の中で何が起きているのかといった点には注意が払われず，アウトプットとしての試験結果ばかりが過度に注目され，教育の成果がそれだけで測定されているという批判である[21]。ブラックとウィリアムの問題意識は，子どもの学力水準向上のために本当に必要な教育の在り方を改めて教育実践者と政策立案者に問うものであった。かつてのイギリスでは，たとえば子ども中心主義の教育に代表されるように子どもの主体性が学習の中心に位置づけられ，子どもの主体的な学びは教育活動の主な成立要件であったが，外部試験に向けた学習に追われるなかでその主体性が徐々に失われていった。しかし，真に子ども一人ひとりの学力を伸ばすには，学びの主体性を「回復」する必要がある。イギリスの評価論議はこういった問題意識によるものではないだろうか。

　ブラックとウィリアムの研究は「形成的アセスメント（formative assessment）」と子どもの学力水準向上に相関関係がある点と，この評価法が教育活動においてほとんど用いられていない点を明らかにした[22]。ブラックとウィリアム，およびキングス・カレッジの研究チームは，地域の学校の教師や教育局と共同でこの研究を発展させ，その成果は全国の教育関係者間で参照されるまでになり[23]，子どもの「学習を促進するアセスメント」として注目され，実践されている。

　それでは「学習のためのアセスメント」とは何か。ARGによれば次の特徴

があげられる[24]。

① アセスメントが指導と学習に埋め込まれている。
② 学習目標が子どもと共有されている。
③ 子どもが自らの到達水準を認識する手助けを教師が行う。
④ 子ども自らが自己アセスメントを行う。
⑤ 子どもが次のステップを理解し，そこへ向けて進めるようなフィードバックを教師が提供する。
⑥ すべての子どもが改善を実現するという信念に支えられている。
⑦ 教師と子どもの両者がアセスメントの情報を見直し，省察する。

つまり，この評価法の最大の特徴は，子どもという学習者自身がアセスメント行動に主体的にかかわる点である。ARGによれば，形成的な「学習のためのアセスメント」が意味する内容は，単に指導のプロセスにおいて学習成果を採点するだけのテストやフィードバックによる評価にとどまらない。それらは「形成的」であるかに見えて，実は「総括的」な評価である。真に学習に活かす評価は，教育活動のプロセスで教師が自己の指導の適否，あるいは学習者が学習の成否を判断するだけでは不十分である。それをふまえたうえで，とくに学習主体にとって次のステップが見出せるものでなければならない。その意味では，弱点や間違いの発見というニュアンスを帯びる「診断的（diagnostic）」の語を「学習のためのアセスメント」にあてはめることもまた誤解を生みやすい[25]。「学習のためのアセスメント」は，弱点や短所の克服とあわせて強みや長所を生かすために次なるステップを特定するための一助とすべきもので，あらゆる場面においてなされ得る。したがって，「何が学ばれたか」と同じように「学習がどのようになされたか」といった観点が必要となる。

イギリスでこのような評価論議がなされた背景には学習観の変化がある。生涯学習に向けた学びの在り方を考えるとき，学習者自身が自らの学習に責任をもって主体的に取り組む意識が不可欠となる。そのため，「学習のためのアセスメント」には，学習に対する教師からのフィードバックのみならず，学習者

による自己アセスメントの観点が必要となるのである[26]。

その意味では，子どもが自己の学習をアセスメントできるように支援することが一つのポイントになる。前述したアセスメントの特徴「②学習目標が子どもと共有されている」に即して見れば，教師の指導目標を自らの学習目標として子どもが認識する必要がある。そのため，学習者が，①その学習によって期待されること，および②新しい学習内容が既習内容のうえにどのように積み上げられるのか，といった点を把握しておかなければならない[27]。教師と子どもが学習目標を共有する手法には，たとえば次のものがある。

教師は，「WALT（We Are Learning Today）（「本日の学習」）」と「WILF（What I am Looking For …）（「求めていること」）」という区分で，学習目標を子どもに具体的に明示する。子どもが自己の学習を焦点化し，具体的にふり返ることができる評価の枠組みを示すのである[28]。以下は，初等教育の歴史の授業の例である。

① WALT →「本日の学習」はヴィクトリア時代の子どもの生活についてである。
② WILF →「求めていること」はヴィクトリア時代の子どもが使用した玩具と今日の子どものそれの違いについて説明できること。

同じく初等教育の実践例として学習目標を示す「ラーニング・インテンション（Learning Intention）」がある。英語の授業の「ラーニング・インテンション」を，たとえば「作文のなかで三つ以上の接続詞を効果的に用いること」と設定したら，その達成指標は「話の流れをスムーズにするために三つ以上の異なる接続詞を用いること」とする。この両者は子どもが自己アセスメントを行うために学習後に教師やほかの子どもと話し合いながら学習をふり返るための指標となる[29]。

それでは自己アセスメントを内包する学習とはどのようなものか。最後に自己アセスメントと自己学習の関係について見ておきたい。

第5節　学習者による主体的な学びの形成

　最初に述べたように生涯学力形成の中核的要素に「生涯にわたって自己もしくは地域の学習課題に取り組んでいく意欲および自己学習に向かう力」がある。学習への意欲を継続的に保持し，主体的かつ能動的に学習に向かう力を育む学習モデルとして，ジマーマンらの「自己調整学習（self-regulated learning）」モデルが参考になるだろう。このモデルにおいて学習者は，受動的な学習者から能動的に自らの学習を統制・調整するそれへと転換されている。ジマーマンらによると「自己調整学習」とは，次の4つのステップを循環する学習モデルである。①自己評価とモニタリング（学習者が現在のところまでの自らの学習をモニタリングして評価する），②目標設定と方略計画（次の学習課題に沿って学習者が自己の学習目標を設定し，その達成のための学習方略を計画・選択する），③方略―実行モニタリング（選択した学習方略の実行と実行過程のモニタリング），④方略―結果モニタリング（学習の結果と効果を方略との関係でモニターする）[30]。つまり，学習者が，外部の支援や資源（これには教師や他の学習者による指導・支援や助言も含まれる）を適宜取り込みながら，自己の学習に対して自己効力感（self-efficacy）や自己管理の意識を高め，学習の結果に至るプロセスを自覚的に調整する学習をいう[31]。換言すれば，学習者はその学習過程において常にモニタリングを行い，自らの学びを自己アセスメントすることになる。その評価をもとに次の学習方略を選択・実行するのである。

　そこでの教師の役割は，学習者の自己調整学習の熟達を支援することである。つまり，自己調整の意義やその子どもに適した学習方略を探すための自己調整ツールの選択などについて指導・支援し，このサイクルが学習者の内発的動機づけによって継続して循環することを支えるのである。それによって学習者は，「学習方略の幅広いレパートリー，自分で方略を使い修正する自己調整能力，それに個人の課題としての学習活動を受容する自己効力感を身につけ

```
        ┌─────────────────┐
        │ 自己評価とモニタリング │
        └─────────────────┘
        ↗                ↘
┌──────────────┐          ┌──────────────┐
│ 方略結果のモニタリング │          │ 目標設定と方略計画 │
└──────────────┘          └──────────────┘
        ↖                ↙
        ┌─────────────────┐
        │ 方略実行とモニタリング │
        └─────────────────┘
```

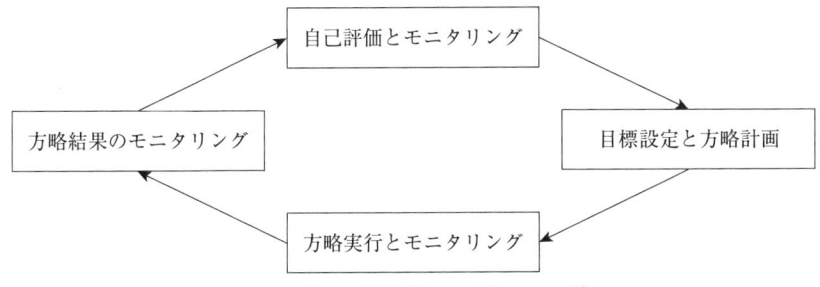

図5-1　自己調整学習のサイクル・モデル
出所：ジマーマン他『自己調整学習の指導―学習スキルと自己効力感を高める』2008年, 11頁。

る」[32]ことができる。「個人的な経験」としての学習行動を学習者が行い，学習の進歩を自らの責任として考えるように支援するのが教師の役割である[33]。また，そのプロセスで「自己効力感」が鍵となるのは，それが自己の学習に対する意欲と責任感を高めるからである。

第6節　おわりに―日本の教育への示唆

　クームズ校の「真正性」のある学習は，学習者が生活する現在から，過去や未来へとつながる時間軸を学習内容と想像力を媒介して拡張する点に一つの特徴があった。同じことは空間的広がりにもいえる。クームズ校では学校の外的環境が「もう一つの教室」としてとらえられ，学校内での学習が学校を取り巻くより広い現実の生活世界へと観念的にも物理的にも拡張され，緩やかにつながっている。

　イギリスにはオープン・プランに代表される学校建築改革の歴史があるが，現在でも初等学校建築の場合，建築物の屋内外が自然な連続性をもつように設計されている点に特徴が認められる。屋内の学習スペースから半屋外の生活・実習スペースを経て，屋外の自然へと続く空間の連続性である[34]。また，近

年の教育施策としては，学校の「拡張サービス（extended service）」などのように，学校内部の取り組みにとどまらず，学校を取り巻くより広いコミュニティへと物理的・空間的に教育支援が「拡張」されるような施策も全国的に展開された[35]。時間と空間の制約から逃れ，多次元的広がりを想定したイギリスの教育実践は，時間と空間の軸が交差する一点，つまり自己の存在の「現在地」を学習者が認識するところから始まる。それは自己の存在や生活世界について，他者を含む外的環境との関係，つまり自分自身にさまざまに連なる他者を，時間軸という「縦糸」と空間軸の「横糸」を頼りに確認し，自己の存在や世界を相対化する作業である。それをふまえ，次に自らの進むべき道とその手段としての学習を考える作業が続く。時間と空間の座標軸において学習課題と「現在地」との距離や位置関係をとらえることが，学びに「真正性」をもたせる際の重要な手がかりになるのである。イギリスの柔軟かつ大胆な発想は，日本における生涯学力形成を考えるうえで参考になるだろう

クームズ校の実践は，一見するとかつての子ども中心主義的アプローチの復権のようにも見て取れる。前述したプラウデン報告書の「子ども中心主義」は1960年代の終わりから1970年代の教育界に大きな影響を残し，その後の新自由主義的教育改革のうねりのなかでも特に初等学校教師の間では命脈を保ってきたといわれる[36]。その意味では，1980年代から1990年代における教育言説の転換を経て，21世紀の教育ニーズに適合する新しいアプローチへの再度の転換に向けた要件は，不変的要素のなかにも見出せるのかもしれない。しかし新しいアプローチは，「新しい学び（new learning）」を形成する実践でなければならない。生涯学力形成においてもまずは学習者の学びにおける主体性が必要となる。また，学びをより広い生活世界でとらえ，協働的な学びにつくり上げていく継続した努力が求められる。それには，すべての利害関係者が自らの明日の社会づくりという認識で教育活動に参画する条件整備が必要であろう。近年の日本の教育政策においては，学校・家庭・地域等の「三者連携」が改めて重視されているが，それを「生涯学力」の形成要因として見るならば，形式

的なものではなく，実質的な取り組みに変え，常態化する必要がある。

　生涯学習社会の到来を迎え，新たな学力の形成に向けた教育活動の担い手として「新しい教師」も求められる。生涯学力形成を支える教師の専門性の内実については稿を改めて検討したい。

佐藤　千津（東京学芸大学）

注
1) 前田耕司「『学校』学力から『生涯』学力へ—生涯教育の視点から考える—」東京都墨田区小学校PTA合同研究大会招待講演資料（於墨田区曳船文化センター）2006年。前田耕司「学習社会における『生涯学力』形成の課題」『日本学習社会学会年報』第5号，2009年，45〜46頁。
2) 前田耕司「学校学力から生涯学力—生涯学習社会における学力の再構築」『学校学力から生涯学力へ—変化の時代を生きる』学文社，2011年
3) 本田由紀『多元化する「能力」と日本社会—ハイパー・メリトクラシー化のなかで』NTT出版，2005年。
4) クームズ幼児学校は3〜7歳児対象の公立学校で5〜7歳段階が初等教育である。2008年に別の学校と統合した。
5) Jeffrey, B. and Woods, P. (2003) *The Creative School – A framework for success, quality and effectiveness*, London: RoutledgeFalmer, p. 3.
6) Department for Children, Schools and Families (2008) *The Coombes Nursery and Infant School, Reading*.
7) Jeffrey and Woods, *op.cit.*, pp. 78-122.
8) *Ibid*.
9) Jeffrey and Woods, *op.cit.*, pp. 117-120.
10) 鹿毛雅治「学習環境と授業」『授業デザインの最前線Ⅱ—理論と実践を創造する知のプロセス』北大路書房，2010年，21〜38頁。
11) Department for Education and Skills (2003) *Every child matters*.
Department for Children, Schools and Families (2008) *Twenty-first century schools: a world-class education for every child*.
12) Lumby, J. (2011) Enjoyment and learning: policy and secondary school learners' experience in England, *British Educational Research Journal*, Vol. 37, No. 2, pp. 247-264.
13) *Ibid*.
14) Jeffrey and Woods, *op.cit.*, pp. 105-110.
15) *Ibid*.

16）OECD教育研究革新センター編著，有本昌弘監訳『形成的アセスメントと学力―人格形成のための対話型学習をめざして』明石書店，2008年，26頁。
17）同上，274頁。
18）田中耕治『教育評価』岩波書店，2008年，77頁。
19）前掲16），60頁。
20）同上。
21）Black, P. and William, D. (1998) *Inside the black box – Raising standards through classroom assessment*, London: School of Education, Kings' College.
22）*Ibid.*
23）ブラックとウィリアムによる『ブラックボックスの中で』は，ブラックらがその続編として2002年に公刊した別のブックレット『ブラックボックスの中での仕事（Working inside the black box）』によると，それまでに2万部以上が売れたという（p. 1）。
24）Assessment Reform Group (1999) *Assessment for Learning – Beyond the black box*, Cambridge: University of Cambridge School of Education, p. 7.
25）*Ibid.*
26）*Ibid.*
27）Harrison, C. and Howard, S. (2009) *Inside the Primary Black Box – Assessment for learning in primary and early years classrooms*, London: GL assessment, pp. 21-22.
28）Harrison and Howard, *op.cit*, p. 22.
29）Harrison and Howard, *op.cit*, p. 23.
30）バリー・J・ジマーマン，セバスチアン・ボナー，ロバート・コーバック著，塚野州一・牧野美知子訳『自己調整学習の指導―学習スキルと自己効力感を高める』北大路書房，2008年。
31）同上。
32）同上，123頁。
33）前掲30）。
34）上野淳『学校建築ルネサンス』鹿島出版会，2008年。
35）佐藤千津「生涯学力と学力政策―イギリスの学校における『拡張サービス（extended service）』の取り組み」日本国際教育学会創立20周年記念年報編集委員会編『国際教育学の展開と多文化共生』学文社，2010年，98～108頁。
36）Harrison and Howard, *op.cit*.

参考文献
OECD教育研究革新センター編著，岩崎久美子訳『個別化していく教育』明石書店，2007年
ドミニク・S・ライチェン／ローラ・H・サルガニク編著，立田慶裕監訳『キー・コンピ

テンシー――国際標準の学力をめざして』明石書店，2006 年
日本国際教育学会創立 20 周年記念年報編集委員会編『国際教育学の展開と多文化共生』学文社，2010 年
Cardber, J. *et al.* (2008) *Changing Assessment Practice – Process, Principles and Standards*, ARG.
Wallace, S. (2008) *Dictionary of Education*, Oxford: Oxford University Press.

第6章
多様性社会カナダにおける学力と社会的成功

第1節　多様性社会の学力

　連邦国家であるカナダの教育は，州による自治が確立されているため，10州と3準州それぞれの成立の歴史や社会の実情に応じた多様な教育制度・政策が一国内に存在する「制度の多様性」を特徴とする。また，多くの移民を受け入れてきたカナダは，教育や雇用といった社会のさまざまな側面において人々の言語，宗教，習慣などの「文化の多様性」を意識した対応が求められる多様性社会である。

　このような多様性社会では，一定の価値基準，枠組みに沿う学力観を形成し，その学力観に基づいた教育を効率的に展開させることはむずかしいと考えられてきた。しかし，経済協力開発機構（OECD）がOECD加盟国などの15歳の生徒を対象に2000年より3年ごとに実施している「生徒の学習到達度調査（PISA）」において，カナダは初回参加時から最新の第4回（2009年実施）まで続けて，参加国上位の成績をあげている。

　PISAはそもそも，社会に参加するうえで必要な知識や技能が身についているかどうかを測る観点から開発されたものであり，PISAで測られるのは社会・文化的，技術的ツールを相互作用的に活用する力としてのリテラシーである（佐貫，2009）。もっている知識や技能を使う「思考力」や「応用力」，世の中の進歩に応じて新しいものを学び続ける「学習力」を，これからの社会を生きる若者が身につけているかを測ろうとするものである（福田，2007）。

　PISAで好成績をあげたカナダの子どもを，OECDのいうPISAのねらいに

沿って評価すれば，社会参加に向けての活用力，つまり社会的成功のための学力を身につけることができているという解釈が可能である。そこで本章では，カナダにおける学力に関する議論，主要な教育政策・実践などを概観し，多様性社会のカナダでは子どもがどのような学力を身につけることが期待されているかについて，生涯学力の観点から考察する。

第2節　カナダでは学力問題がどのように受け止められているか

　PISA や国際教育到達度評価学会（IEA）による「国際数学・理科教育動向調査（TIMSS）」などの国際学力調査や各国で実施されている学力調査は，点数や順位という結果ばかりが注目されやすく，その結果が激しい「学力」論争や各国政府の教育政策の転換へとつながるなどの影響を社会にもたらすことが多い（福田，2007）。アメリカやイギリスでは市場主義的な教育改革のなかで学力調査が行われ，それにより無用な学力競争が展開されることとなった。日本でも，前回調査から順位を落とした PISA2003 年調査の結果に関して，日本の子どもの学力が低下したとの報道がなされ，この報道をきっかけに学力問題への社会的関心が高まった。

　他方，カナダでは，PISA の初回調査の結果発表直後は全国紙などでカナダの子どもが好成績を収めたことが報じられたが，その後はあまり大きな社会的関心事となっていない。その要因の解明を試みる研究もほとんど行われてきていない。カナダには中央の連邦政府に教育行政機関が存在しないため，PISA も州ごとに参加するかたちがとられているが，州間の連絡組織として設置されているカナダ州教育担当大臣協議会（CMEC）が，PISA のカナダ政府報告書を刊行している。ここでは，得点が州別に公表されているが，教育制度，カリキュラムの異なる各州が結果を今後の教育にそれぞれ活かしていくことが想定されているためか，各州の点数，特徴の記述以上の踏み込んだ考察は行われておらず，その好成績が何によるものなのか積極的な分析はなされていない[1]。

なお，この政府報告書では州別の得点結果がカナダ全国平均および他国との比較においてグラフで示されている。カナダ中西部のアルバータ州は，各科目の得点で常に全州で最上位の位置にあり，2006年調査までの全3回いずれの結果においてもすべての科目でカナダ平均を上回っている。PISAの結果を扱ったカナダの全国紙などは，アルバータ州がカナダで最も優秀な成績を収めた要因について，州独自の到達度試験，標準化されたカリキュラムが適切に運用されてきたこと，保護者の教育参加などが背景にあると指摘した。だが，これらの記事上，いずれもその根拠となりうる数値データが示されるわけではなく，推論程度に報道されただけであった[2]。

このアルバータ州の好成績に対しては，研究者や他州の教育関係者から懐疑的，批判的な見解が示されることが多い。PISAでは，アルバータ州のほかにオンタリオ州，ブリティッシュ・コロンビア州という人口の多い州が好成績を残しているが，これらのなかには政府からのPISAへの参加要請（ランダム・サンプリングで実施）に応じなかった学校の割合が高い州があり，サンプルそのものに偏りがあり，調査の信用度が低いという指摘もある[3]。

さらに，ある考察は，アルバータ州の低い高校修了率とPISAの好成績とを関連づけて，アルバータには成績不振の生徒を高校から締め出し雇用の場に送り出すという構造が存在し，その厳格な構造が点数調整の役割を果たしているとみる（小川，2007）。高校を終えていない青年の雇用の受け皿を良好な経済状況により準備できるのがアルバータ州の利点であり，こうした状況の異なる州が教育の権限をもつカナダの場合，学力調査の得点結果をもってその教育の成否を判断することはむずかしいとも考えられている。

また，カナダは学力調査の目的についてはアメリカやイギリスとは一線を画しており，アカウンタビリティの目的に限定されてきたとされる（小川，2007）。たとえば，アルバータ州はPISAだけではなく，カナダ全国学力調査でも州別の成績において上位に位置する。このアルバータ州では，1995年度以降，毎年実施している州到達度試験（Alberta Achievement Test）[4]の保護者

向けのガイドや州政府関連文書のなかで，生徒の学習到達度評価，学校・教師の指導の振り返りの材料としての導入・利用の徹底を強調している[5]。

このようなかたちで学力調査が利用されてきたカナダでは，学力調査をめぐる激しい議論や学力問題をきっかけとした政策転換などの動きは見られない。

第3節　アルバータ州の教育政策・実践に見る学力観

いずれにしても，PISAで世界トップクラスの好成績をあげているカナダのなかでも，とくにアルバータ州は学力調査で高い学力を示している。その教育を支える学力観とはどのようなものなのであろうか。ここでは，アルバータ州の教育の優先事項となっている高校修了率向上政策と教育に関する州民対話集会を取り上げ，その根底におかれている学力観を見ていくことにしたい。

(1)　高等学校修了率向上政策を支える学力観

カナダ連邦政府の統計では，アルバータ州の中途退学率（2002～2005年度の3年間平均で算出された20～24歳の集団のうち高校未修了あるいは高校に在籍していない人の割合）は12.0％で，13.0％のマニトバ州に次いで全国2番目に高かった。なお，カナダ全国平均の数値は10.1％であった[6]。州教育省の目下の課題は，他州と比較しても低い中等教育修了率であるとされ，州政府も2000年代に入ってから州政策の優先事項として位置づけるようになり，2000年代後半からはより実際的な対策を講じている[7]。

こうした展開において州政府は「アルバータ高等学校修了のための骨子」を定め，そのなかで①生徒の積極的な参加（student engagement），②職業や次段階の教育への移行（successful transitions），③協力関係の構築（collaborative partnerships），④建設的なつながり（positive connections），⑤追跡調査（tracking progress）という中核戦略5項目を示した。州政府はこれらの中核戦略のそれぞれを基礎理念とする政策・プログラムを発案し，実践に移してい

る。たとえば，①を基礎理念とするプログラムとしてアウトリーチ・プログラム，④が基礎理念と位置づけられているメンター・プログラムといったものがある[8]。

とくに，州政府は，中途退学者数の増加に歯止めをかけるための具体的事業としてアウトリーチ・プログラムに大きな期待をかけ，その実践に力を注いでいる。アウトリーチ・プログラムとは，従来の伝統的な学校の教室・学習環境になじめない，中途退学の危険性の高い生徒向けの特別支援プログラムであり，州政府は1995年度からこのプログラムに特化した助成事業を開始した[9]。

2000年代半ばからは，このアウトリーチ・プログラムの事業は高校修了率向上政策と関連づけられ，地方教育委員会などに支給する助成金の額を年々増加させ，プログラムを新設する高校数の拡充に努めている。プログラムの形式・内容はさまざまであるが，怒りの感情をコントロールする技術を学ぶアンガー・マネジメント講座の受講，学習方法の習得，キャリア・カウンセリング，職業体験などをとおして，生徒は高校修了に向けての個別プログラムを進めていく。多くのアウトリーチ・プログラムは外部の社会福祉団体などから協力を得て運営されており，地域社会一体となって高校修了率の向上施策が進められている。

なお，先にふれたメンター・プログラムも，地域社会との連携が意識された高校修了率向上の取り組みである。アルバータ州では，現在，教育省，雇用・移民省，農業・地方開発省などの省庁，民間組織や住民団体などの29の組織が参加する「アルバータ・メンタリング・パートナーシップ（The Alberta Mentoring Partnership）」によるメンターの養成・配置事業として州全域的に進められており，メンター候補として登録された住民が，地域の学校への派遣メンター，子ども・若者との一対一のメンター，あるいはグループ・メンターなどのかたちでメンター活動に参加している。

そのほかに，「学校改善のための戦略（AISI）」も高校修了率向上の中核戦略の①の理念に基づく事業の一つである。AISIは，子どもの学習環境整備・向

上のために実施される事業や調査に必要な資金を教育委員会に助成するもので，助成を受けた事業の例として，州到達度試験の結果を最初に試験を受ける小学校 3 年生の分から整理・分析し，そこから高校中退の危険性のある生徒を指定して，当該生徒に対して個別に生徒指導を行ったり，キャリア・カウンセラーを配置する事業などがある。

(2) 教育の価値について考える州民対話集会

アルバータ州は，学校法の見直しなど政策審議に州民の意見を取り入れるため，従来のような政府審議会ではなく，これまでにないかたちの州民からの意見聴取機会として，2009 年に州民対話集会（Inspiring Education: A Dialogue with Albertans）を初めて開催し，州内 8 カ所において合計 10 回の春季対話集会と秋季フォーラムが開かれた。

州民対話集会運営委員会は州下院議員，教師など教育関係者で構成されているが，運営委員会の立ち上げにあたり，この試みについて州の未来の市民的（civic）・経済的成功の基礎となる教育の真価について話し合う継続的な公衆議論の場としたいとの見解を示した。また，この州民対話集会の実施を発案したアルバータ州教育相ハンコック（Hancock, D.）は，そのねらいを，"教育に対する公的な認識を高め，この先 20 年の教養あるアルバータ人（an educated Albertan）についての理解を進めること"と説明し，社会全体でアルバータの子ども一人ひとりの成功，さらにはアルバータ社会全体の成功を生み出すための教育のあり方について真剣に議論しようと呼びかけている[10]。

このように，アルバータ州では，成績不振や中途退学などの危機に立つ生徒（at-risk students）を伝統的な学校の枠組みに無理やりはめ込んで学習に向かわせるのではなく，アウトリーチ・プログラムや AISI の助成などで，卒業後のキャリア形成，そして，その先にある社会的成功を見通し，生徒の個々のニーズに応じた指導を軸に高校修了率向上の実践が展開されている。また，高校修了率向上政策に含まれているプログラムの多くが，地域社会との連携・協力，

地域社会の人材活用を意識して設計されている。このような要素は，学習とは学校在学期間で完結するものではなく，生涯にわたって自分で考え，行動していくものであることを生徒に認識させ，そのような学習を可能にする地域社会という場をより身近なものとして実感させることに大きな役割を果たすものと期待される。

また，子どもの将来の社会参加，社会的成功にとって有用な教育のあり方を考えようという州民対話集会の開催趣旨に内在する理念にも，社会参加に向けての活用力を養成するPISA型の学力観，つまり「生涯にわたって自己学習に取り組んでいく意欲や自己学習に向かう力を育成する」生涯学力観との共通項を見ることができる。

第4節　学力調査と学力観のかかわり

(1) 生涯学力活用の実証研究の動き

2000年に始まったPISAは，若者がこれからの社会を生きていくために必要な活用力としての学力を身につけているかどうかを測るものであるが，その学力が実社会でどのように活用されているのかを検証し，その結果を各国の教育政策の開発や見直しに活かそうとする試みが始まっている。

その先陣を切って実施された研究が，OECDが2010年に刊行した報告書『成功への道―カナダの15歳時の知識・技能は将来をどのように方向づけるのか (*Pathway to success: How knowledge and skills at age 15 shape future lives in Canada*)』にまとめられている。この研究では，PISAで測られた学力が社会でどのように活用されているのかを，カナダが独自に開発・実施した「移行期の若者に関する実態調査（YITS）」で収集した生徒の追跡調査のデータを用いて分析されている。

YITSは，学校教育，雇用訓練，就職という多くの若者が経験する移行過程の実態と課題を整理し，政策の開発や提言に活用することが目的とされてい

る。カナダ連邦政府の人的資源・社会開発省と統計局によって，2000 年の PISA への参加と併せて開発されたものである。

　YITS は二つの集団を調査対象とし，一つは，PISA2000 年調査実施時に PISA に参加した 3 万人の 15 歳児，もう一つは 18～20 歳の若者 2 万 3000 人である。15 歳児向けの調査では生徒本人と生徒の在籍する学校を対象にそれぞれのアンケートが，そして保護者を対象に電話インタビューが行われ，15 歳児の基礎情報（学業成績，学校生活，就労経験，ボランティア活動，友人関係，進学・就職の希望，そして，家族の経歴，親の社会経済階層，子どもの進路についての親の希望と期待，子どもの学校生活に対する親の考えなど）が集められた。YITS では同集団を対象とした 2 年ごとの追跡調査も実施されるため，2000 年の初回調査時に 15 歳の生徒が 25 歳になる 2010 年まで 5 回の追跡調査が行われる。18～20 歳の若者向け調査も 2 年ごとに追跡調査が行われ，この集団が 26～28 歳に達した 2008 年に最後のデータ収集が行われた。

　『成功への道』では，15 歳時に受けた PISA の読解力の得点と 6 年後の 21 歳時点の教育歴との間に相関関係（大学在籍，カレッジ在籍，就職者の順に PISA の得点が高い）があることが確認された。また，「高校を最低修業年限で修了後すぐに大学に進んだ人」の PISA の得点は，「最低修業年限以上高校に在籍し，その後大学に進んだ人」の得点，あるいは「高校修了後に一旦別の進路（カレッジや就職）を選び，その後大学に進んだ人」の得点よりも高い傾向にあり，その人がたどってきた進路によって得点が異なってくることがわかった。そして，就労者については，PISA の得点が高ければ高いほど 21 歳時点の収入も高いという正の相関があることがわかった。

　『成功への道』では，PISA2000 年調査に参加した人のうち 2006 年時点で働いている人の割合が 45％とあまり高くないことから，PISA で測られた学力とその後の実社会との関連性を考察・判断するには時期尚早としているが，2010 年まで実施予定の YITS によってデータが積み上げられれば，学力と就労の関係，社会における PISA 型学力の活用の実態をより詳細に考察することが可能

となっていくだろう[11]。

　こうしたYITSのような追跡調査の実施は世界的に見ても先進的な取り組みであり，ここでもテストで測った学力をその場限りのものではなく，その学力を将来の社会参加につながるもの，「生涯学力」としてとらえようとするカナダ社会独特の学力観を見ることができる。

(2)　学校学力に矮小化された学力観の登場

　だが，このところ，従来の生涯学力観とは異なる学校学力に矮小化された学力観の表出も，学力調査との関連において確認される。

　アルバータ州でも，PISA2006年調査の結果公表時に，教育省が，アルバータ州の15歳児がフィンランドに次いで世界第2位にあたる高得点を科学で獲得したことにふれ，「アルバータの15歳が国際テストで世界トップクラス」と伝えた[12]。また，教育省は，小学校4年生の読解力を測定する国際学力調査PIRLSの2006年調査で，ロシア，香港，シンガポール，ブリティッシュ・コロンビア州とともにアルバータ州が上位5位以内に入ったことを公式報道発表として大きく報じた[13]。さらには，2007年の数学・理科の国際学力調査TIMSSにおいて，アルバータ州が参加国・地域の第4位となり，カナダから参加した全4州中最高の成績だったことについて，州政府は「アルバータの（小学校）4年生は世界でもトップクラスの科学の成績を収めている」と積極的に評価する一方で，その点数が1995年調査時のものと比べるとかなり低下していることを問題視している[14]。

　結果の使われ方次第で大きな弊害を生み出すこともある学力調査であるが，こうした学力調査の順位や点数の上下を意識したアルバータ州の動きには，アメリカ，イギリス，ニュージーランドなどで見られる新自由主義教育改革，あるいはPISA結果に対する各国政府の反応に象徴されるような結果主義の立場に立った学力観との類似性がみられる。

　カナダでは1990年代後半以降，各州・準州が独自に学力調査を開発・導入

しているが，現在実施されている学力調査に関連する政策文書などを分析したクリンガー（Klinger, D. A.）らによれば，カナダの多くの州で，政策文書上などで公式に示されている学力調査の目的が実際には機能していなかったり，その逆，公式に明示されていない目的で利用されている場合があるという。クリンガーらは，この状況について，カナダの大規模学力調査文化は発展途上の段階にあると指摘する[15]。学力調査の目的・意図が理解されないままに，あるいは本来の目的どおりに利用されずに調査が繰り返されると，「テストへの競争圧力」（佐貫，2009年，121頁）によって子どもや教師は無用な競争的教育環境へと追い込まれることになる。学力調査文化が未発達段階にあるカナダの場合，学力調査で測ろうとする学力が学校学力に狭く限定された学力として解釈されてしまう可能性は十分あるだろう。

そして，移民によって進むカナダの社会構造の変容も，学校学力に矮小化された学力観の登場に影響を与えている。

カナダで受け入れた新来移民（調査時からさかのぼって5年以内に移住してきた人）を出身地域別に見ると，1971年はヨーロッパが61.6%と最大の占有率であったが，その後減少傾向となり，2006年には16.1%にまで下落している。いっぽう，1971年は12.1%だったアジア・中東系の移民は，10年後の1981年には1971年の3倍以上の38.9%，2006年には新来移民の58.3%と著しく増加している[16]。

このようなヨーロッパ以外からの移民はその多くが社会的地位も高く，経済的に恵まれた経済移民としてカナダに入国している。カナダでは，1950年代後半のヨーロッパ経済の安定による移民数減少を受けて，ヨーロッパ諸国などに限っていた移民の国籍要件が順次削除され，1960年代後半にはカナダ社会・経済の発展に貢献しうる人材の受け入れを基本方針に，アジア，アフリカ，中東などからの移民の入国を認めた。近年では，公用語力（英語・フランス語），学歴，職歴，財力などのカナダ経済に貢献しうる技術や能力を点数化して点数の高い者を経済移民として優先的に受け入れている。

写真 6-1　アルバータ州内の公立中学校
移民など英語を母語としない子どものための英語指導教室

写真 6-2　アルバータ州内の公立小学校
中国語・英語バイリンガル教育を行い、学力調査の成績もトップクラス

　こうした経済移民は概して、英語力が高く、子どもも学校生活で言語面の不利益を被ることは少ないこと、親が高学歴で子どもも高い学歴を獲得する傾向にあること、あるいは教育アスピレーションが高いことが各種調査で確認されている[17]。ちなみに、移民の子どもの数が多い17の国・地域を対象にPISA2003年調査の結果に分析を加えたOECDによる「移民の子どもと学力」調査によれば、対象国となった多くのヨーロッパ諸国では、移民の子どもと当該国生まれの子どもとの間に学力格差があったが、カナダの場合、移民の子どもとカナダ生まれの子どもとの間の学力の差がほとんどないことがわかった。カナダでは移民の子どもも社会的成功につながる「学ぶ力」を身につけているといえる[18]。

　移民による人口の多様化、社会構造の変化を経験するカナダ社会では、アジア系などの新来移民を中心に従来とは異なった学力形成の要望が見られる。アルバータ州のエドモントンでは、アジア・中東からの新来移民が増え始めたことから、1987年にイスラム系の私立学校、1999年にはインド、パキスタン系移民の私立学校が設立された。これらの学校では、最近、学力面の優秀さ、進学率の高さを理由に学校を選ぶ家庭の増加傾向を受けて、州到達度試験などで

示される結果を積極的に公表している[19]。

このような学力観の変化，つまり「生涯学力」から「学校学力」への矮小化に対しての危機感や反論もある。アルバータ州では，2008年に，6年生と9年生で実施された到達度試験で各生徒が回答した選択肢問題の成績を各学校から保護者に通知するよう州政府が指示を出した。このとき，アルバータ教員組合は，こうした通知は，学力調査の本来の意味や目的を歪める不適切なことであり，教員の評価権を侵害するものだとする覚書を発表し，到達度試験の結果を重視する州政府の方針に否定的な見解を示している[20]。

アルバータ社会は，新来移民の移住先として人気が高まっており，今後しばらく社会構造の流動化が続くことが予想される。移民社会カナダでは，社会の変容を見据えながら学力形成と社会的成功の扱いについての慎重な歩みが必要とされる。

第5節　まとめと考察―日本への示唆

PISAで好成績をあげたカナダでは，いうなれば，期せずしてPISA型の学力観と共通した学力観に基づいた教育政策づくりや実践が行われてきた。地域社会との連携・協力や学校卒業後のキャリア形成を見通した指導を取り入れたアルバータの高校修了率向上の取り組みなどは，生涯学力形成を実現する手段として示唆に富むものである。そして，今後，YITSといった大規模追跡調査のデータが蓄積され，PISA型学力の実社会における活用状況についての研究が進展していくことによって，生涯学力観を根底においた教育の効果が実証されていくことが期待される。この点でも，カナダの教育は興味深い好例である。

しかし，高得点・高順位の獲得が学力調査の目的とされることによる競争的教育環境の表出，そして，学校学力に限定された学力観への志向をもつ新来移民人口のカナダ社会における顕在化が，カナダの土壌で育まれてきた従来の

PISA 型学力観に影響を及ぼし始めている状況も確認できる。

　カナダ，アメリカ，オーストラリアなどの移民受け入れ国や外国人労働者の定住化が進むヨーロッパ諸国の状況と比べても日本の外国人住民の人口規模は小さく，外国人住民の存在も社会構造に大きな変化を与えるほどのものではない。しかし，社会のさらなる多文化化が避けられない日本が，今後，移民社会カナダの経験から受ける教示は少なくないだろう。

　多様性社会の生涯学力形成の成功例として，そして，移民国家ゆえの学力観の変化という課題をかかえる社会の一例として，カナダの動向は注目される。

児玉　奈々（滋賀大学）

注
1) カナダ政府報告書の 2006 年版では，性別，移民的背景，保護者の学歴，社会経済的背景の 4 点と学習到達度との関連について考察が試みられているが，各要素と学習到達度との相関関係の有無の言及にとどまっている（Patrick, B., Knighton, T., & Pennock, D. 2007. *Measuring up: Canadian results of the OECD PISA study. The performance of Canada's youth in science, reading and mathematics. 2006 first results for Canadians aged 15*. Ottawa: Human Resources and Social Development Canada, Council of Ministers of Education, Canada and Statistics Canada.)。
2) Stack, M. M. 2006. Testing, testing, read all about it: Canadian press coverage of the PISA results. *Canadian Journal of Education, 29* (1), 49-69.
3) Corbet, M. 2004. The learning tower of PISA, commentary & fact sheets. *Canadian Center for Policy Alternatives, December 18, 2004.* http://www.policyalternatives.ca/publications/commentary/learning-tower-pisa
4) 3 年生で言語，算数の 2 科目，6 年生と 9 年生（日本の中学校 3 年生に相当）で言語，算数・数学，社会，科学の 4 科目の試験が行われる。
5) 平田淳「カナダ・アルバータ州における義務教育制度の多様性と質保証システムに関する一考察」『比較教育学研究』41 号，2010 年，33-48 頁。
6) Statistics Canada 2008. Provincial drop-out rates: trends and consequences. *Education Matters: Insights on Education, Learning and Training in Canada, 2* (4). http://www.statcan.gc.ca/pub/81-004-x/2005004/8984-eng.htm#table
7) アルバータ州が独自に算出した高校修了率（10 年生進級後 3 年以内に卒業した生徒の割合）も，2003 年度（75.5%）から 2007 年度（79.2%）の 5 年間は 7 割台後半を推移している（Alberta Education 2009. *High School Completion Longitudinal Study*. Edmonton:

Alberta Education.)。
8) Alberta Education n.d. Projects, *High School Completion in Alberta*. http://education.alberta.ca/department/ipr/highschoolcompletion.aspx/projects.aspx
9) Alberta Education 2009. New outreach programs keep youth in school, *News Release, July 03, 2009*, http://education.alberta.ca/department/news/2009/july/20090703.aspx
10) Alberta Education, 2010. *Inspiring Education: A Dialogue with Albertans, The Steering Committee Report to the Honourable Dave Hancock, Minister of Education, Government of Alberta, April 2010*. Edmonton: Alberta Education.
11) OECD 2010. *Pathways to Success: How Knowledge and Skills at Age 15 Shape Future Lives in Canada*. Paris: OECD Publishing.
12) Alberta Education 2007. Alberta's 15-year olds place among world's best on international tests, *News Release, December 4, 2007*. http://alberta.ca/home/NewsFrame.cfm?ReleaseID＝/acn/200712/22662A5EE76EB-0E3D-1D48-F51C03C237BF7C28.html
13) Alberta Education 2007. Alberta's Grade 4 students demonstrate strong results on international literacy test, *News Release, November 28, 2007*. http://alberta.ca/home/NewsFrame.cfm?ReleaseID＝/acn/200711/226258341DBD9-EE20-1578-57BBA89CDAA9440C.html
14) Alberta Education 2008. Alberta students place 4th in the world in science, *News Release, December 9, 2008*. http://alberta.ca/home/NewsFrame.cfm?ReleaseID=/acn/200812/2491418D3FABB-B2E4-277D-93C424D372E6978C.html
15) Klinger, D. A., Deluca, C., & Miller, T. 2008. The Evolving culture of large-scale assessment in Canadian education, *Canadian Journal of Educational Administration and Policy, 76*, pp. 1–34.
16) Statistics Canada 2007. *Immigration in Canada: A Portrait of the Foreign-born Population, 2006 Census*. Catalogue no. 97-557. Ottawa: Statistics Canada.
17) 児玉奈々「カナダにおける移民の子どもの教育課題と社会統合―調査・研究から見る現況・傾向―」『カナダ教育研究』No. 8, 2010年, 43-48頁。
18) OECD（斎藤里美監訳, 木下江美・布川あゆみ翻訳）『移民の子どもと学力―社会的背景が学習にどんな影響を与えるのか〈OECD-PISA2003年調査 移民生徒の国際比較報告書〉』明石書店, 2007年。
19) 児玉奈々「教育におけるマイノリティの集団的権利の要求動向と保障のあり方―アルバータ州の教育制度を中心として―」『カナダ教育研究』No. 6, 2008年, 41-53頁。
20) Alberta Teachers' Association 2006. Provincial tests don't measure serious issues facing education, *The ATA News, 41* (4). http://www.teachers.ab.ca/Publications/ATA％20News/Volume％2041/Number％204/In％20the％20News/Pages/

Provincial%20tests%20don't%20measure%20serious%20issues%20facing%20education.aspx.

参考文献
小川洋「学力調査にみるカナダの教育の特徴」『カナダ研究年報』第 27 号，2007 年，1-18 頁
小林順子他編『21 世紀にはばたくカナダの教育』東信堂，2003 年
佐貫浩『学力と新自由主義―「自己責任」から「共に生きる」学力へ』大月書店，2009 年
福田誠治『競争しても学力行き止まり　イギリス教育の失敗とフィンランドの成功』朝日新聞社，2007 年

第7章
中国における学力政策と学力観

第1節　はじめに

　各国地域の学力観や学力政策をめぐる問題は，個々人の生涯を通じた学習のプロセスに関与するとともに，それぞれの国・地域において明確な意図をもった将来像に対する実現可能性を高めようとするものである。本章では，近年の中国における新たな学力形成の取り組みを，生涯学力[1]とのかかわりに照らし合わせながら，生涯学力の学力観との共通点を整理・理解していく。そのうえで，中国の新たな学力観が，とくに子どもにとっては，いかなる生活環境を基盤として受け入れられ支持されうるのかを中国広州市の中高校生に対して実施した調査結果をもとに考察した。

第2節　生涯学力と中国の「素質教育」

(1)　「素質教育」の展開

　中国では1980年代後半から，それまでの受験教育に求められる学力とは異なる学力の育成を目的とする素質教育が注目されてきた[2]。中国の学校教育が受験偏重の反省とともに，児童の社会的実践・活動・経験に結びつけられた学び，ならびにそうした方向転換にかかわる一連の教育改革が推進されていることを示すといえる。素質教育とは，端的にいえば徳，知，体，情操の生涯を通じた発達を促そうとする総体的な教育の考え方であり，とくに学校教育では，知育における「情報収集・処理能力」「知識獲得能力」「問題分析・解決能力」

写真7-1　午後の自由活動時間の風景

「言語表現能力」「団結協力能力」の育成が位置づけられ，実践と経験に結びつけられた学習が奨励されている[3]。中国の素質教育にみられるこうした学力観は，その成立の経緯もふまえて生涯学力における学力観と重なり合う部分が多い。

ところで，素質教育という名称の語源は学術用語からではなく，その当時に生まれた造語であり，中国政府の公文書に初めてその概念とともに記載されるようになったのは1994年からのようである。中国政府がそれまでの学校における学力観から新たな学力観に着目した転機とされる文書「中国教育改革と発展綱要」（国務院：1993年）以降，複数の関連文書が国務院（中国の最高行政執行機関）や教育部（日本の文部科学省に相当）から出されており[4]，それらのプロセスにおいて素質教育の概念および学力観が形成されてきたといえる。

しかし一方で，素質教育の内包する学力観・基準には，これまでに教育現場における多様な解釈による誤解，混乱などが発生しており，必ずしも明確な意味・定義が広く社会一般には認識されていないともいわれる[5]。少なくとも教育方法や評価制度が定着しているとはいい難いのが現状である。

さて，ここで素質教育の学力観の形成に影響を与えてきたと考えられる主な要因をあげるとすれば，第一に「中国教育改革と発展綱要」に記載されたように，グローバル社会経済下での人材育成における必要性である。近年のグローバル化した状況により，それまでの中国教育制度の文化的背景からの脱却をめざして表出された教育課題といえる。第二に，極端な受験教育体制に対する反省的な議論から生じた方向の修正である。前述したように，学習能力のみに偏ることのない子どもの全面的な発達をめざす教育の追及であり，その評価項目

としては「公民素養」「運動・健康」「審美・表現」「交流・協同能力」を含んでいる。そして第三に，子どもの主体性・個性・自発性といった人格的発達の側面の重視である。これは，たとえば活動や経験に結びついた研究的な知識・技能の学習時間として，「総合実践活動」の科目がカリキュラム上に設置されるにいたっている[6]。

では，以上のような素質教育の学力観の形成過程に大きな影響を及ぼしたといえる要因が，政府公文書にどのように記載，表現されているのかとらえていくことにする。

(2) 文書における素質教育の学力観
①全面的発達

表7-1は，素質教育にかかわる公文書に表現された，全面的発達重視の路線を読み取れる主な個所を抜粋したものである。「受験教育から全面的な国民の素質の向上」という受験教育体制に対する反省に始まり，「問題分析・解決能力の育成」「団結し協力して社会活動を行う能力」「探究心と創造意識を高め，科学的な研究方法を学び，知識の総合的な運用能力を発達」といった文脈からは，以前の学校学力の学力観から脱却し，全面的な発達を重視する路線への移行が各文書にあらわれているといえる。

さらに，興味と経験に配慮しつつ「生涯学習に必須の基礎知識及び技能を精選」といった記述が加わっているため，総じて複数の素質教育の関連文書の内容をふまえると，いわゆる生涯にわたって学び続けるための自己学習力（＝生涯学力）の形成が志向されていると考えられる。

②主体性・個性・自発性の重視

ところで，素質教育の「素質」の言葉の意味・解釈をめぐっては，この造語が成立した直後から混沌とした状況が続いてきたといわれる[7]。

日本語における「素質」の意味は，「生まれつき持っていて，性格や能力などのもととなる心的傾向」「特殊な能力」など，本来的に有する性質をさして

表7-1　主な関連文書の記述にみられる「全面的発達」

「小中学校は<u>受験教育から全面的な国民の素質の向上</u>に移行し、全生徒の道徳、文化・科学、労働技能と身体・心理素質を向上させる」(国務院：1993年)
「生徒の<u>問題分析・解決能力の育成</u>を重視し、優れた生徒の発見と育成に配慮する」(同上)
入試制度改革／使用教材の多様化／体育・衛生業務の改善／美育／労働技能教育／社会・家庭教育との結合(同上)
「生徒の全面的発達のための条件を創ること…」(国務院：1999年)
「生徒の<u>情報収集処理能力、新たな知識を獲得する能力、問題分析および処理能力、言語と文字による表現力、団結し協力して社会活動を行う能力</u>を育成」(同上：1999年)
「課程の総合性と実践性を高め、実験授業を重視して生徒の実際上の操作能力を育成する」(同上：1999年)
「生徒の興味と経験に着目した学習、<u>生涯学習に必須の基礎知識及び技能を精選</u>する」(教育部：2001年)
「生徒の情報収集・処理能力、新たな知識を得る能力、問題分析・解決能力および交流・合作能力を養成する」(同上)
「(総合実践活動を設置し)生徒が<u>実践</u>を通じ、探究心と創造意識を高め、科学的な研究方法を学び、知識の総合的な運用能力を発達させる」(同上)
「(義務教育課程の標準内容には)大多数の生徒に努力して十分なレベルに到達させ…生徒の生涯学習の望みと能力を養うことに着目する」(同上)
「試験内容は社会の現実と生徒の生活経験との関連を強め、生徒の問題分析、問題解決能力を重視して評価し、一部に資料持ち込み試験を実施する」(同上)
「(素質教育の実施においては)生徒の先取りの精神と実践能力を養うことを重視し、生徒の<u>全面的発達と生涯発達の基礎</u>を定める」(国務院：2001年)
「初歩の先取りの精神、実践能力、科学および人文素養と環境意識をもつこと」「生涯学習に適応する基礎知識、基本技能および方法をもつこと」(同上)
「(教学では)研究性の学習を展開し、<u>生徒自身で問題を提出し、問題研究、問題解決能力を養う…協同学習</u>を立ち上げ、生徒間の相互交流、共同発達を促進させ…」(同上)

注：下線・カッコ内部は筆者による加筆。

いる[8]が，中国語（漢語）での意味においてはそうした先天的な心的傾向のほかに，後天的に育まれた素養・資質・教養なども含まれる[9]。

しかし，素質教育の「素質」とは素養や教養をさすものではなく，性格や能力を意味していると考えられる。だとすれば，素質教育が先天的な性格や能力を教育目的の対象とするのは語源的意味における飛躍が生じているといわざる

をえない。こうした「素質」の意味に関する解釈に関しては，それまでの諸議論のなかから「素質」の意味を「生まれつきのものと後天的な働きかけの合金」とされるにいたるプロセスがあったといわれる[10]。つまり，素質教育における「素質」とは，先天的なものではなく教育される（する）対象としての素質へと意味内容が変質・拡張されたというのである。

このように，素質教育が人間の生まれつきの「素質」を改善するものであるということは，いいかえればこれまでの学校教育において後天的に学習し，習得されうる知識・技能・能力の獲得より，むしろ性格，態度，心情といったより内的な諸要素の発達に関与するものといえる。素質教育においてそうした発達が重視されていることを示すのが，子ども一人ひとりの個性・自発性・主体性といった資質の要素を強調する方向に傾斜する記述である（表7-2）。

「生き生きとした」「各自の特徴を伸ばす」「主体的な学習態度の形成を強調する」「主体的に参加し，探究を楽しみ」「独自性と主体性を養うことを重視し…個性豊かな学習を促進する」といったこれらの記述は，以前の中国の関連文書にはみられなかった記述であり，大幅な路線変更といえる。また，このような主体性，個性を重視する価値観は，就学前教育（幼児教育）における子ども中心主義的な思想，価値観と類似するもの[11]であり，「素質」が教育対象となった方向の帰結の一つであると考えられる。

(3) 素質教育における評価項目

素質教育の評価項目として関連文書からうかがえるのは，冒頭で前述したように基礎的発達目標とされる評価区分（学習能力／交流および協同能力／審美・表現能力／運動・健康／公民素養）である。これらのうち，とくに「学習能力」と「交流および協同能力」の項目は，自己学習ならびに社会的実践力を重視する生涯学力の学力観と密接な関連がある。

より具体的には，素質教育の評価における「学習能力」とは，「学習に対する願望・興味をもつ」「各種の学習様式を運用しながら学習水準を高める」「自

表7-2 主な関連文書の記述にみられる「主体性・個性・自発性の重視」

「生徒の生き生きとした活発な発達を促し、各自の特徴を伸ばす」(国務院：1993年)
「生徒が生き生きと活発、積極的で自発的に発達し得る」
　(同上：1999年)
「積極的に啓発および討論式に教授を行い、生徒の独立した志向および新たな意識を呼び起こす…」(教育部：2001年)
「知識伝達偏重を改め、積極的で主体的な学習態度の形成を強調することにより、基礎知識および基本技能の習得プロセスが、同時に正確な価値観の学習および形成プロセスになるものとする」(同上：2001年)
「生徒が主体的に参加し、探究を楽しみ着手にいそしむことを提唱する」(同上：2001年)
「生徒により多くの選択肢と発達の機会を与え、生徒の生存能力、実践能力創造能力を養うための良好な基礎を築く」(同上：2001年)
「(教学において教師は)生徒の独立性と自主性を養うことを重視し、学生の質疑、調査、探究など実践における学習に導いて、教師の指導の下に自発的で個性豊かな学習を促進する」(同上：2001年)
「教師は生徒の人格を尊重し、個人的差異に特に注意して個々の生徒の学習の需要に応え、生徒の自発的な教育環境への参与に導き、学習の積極性を呼び起こし、…個々の生徒が皆十分発達するようにする」(同上：2001年)
「(教材について)生徒が既にもっている知識と経験を利用し、自発的に知識を探索せしめて発達するよう導けるよう」改革する (同上：2001年)
「(評価制度について)科学的な評価方法を探索し、生徒の潜在能力の発現と発達、自信の樹立を援助して生徒の積極的・自発的な発達を促進させる」(国務院：2001年)

注：下線・カッコ内部は筆者による加筆。

己学習のプロセスおよび学習結果に対する反省の習慣をもつ」「異なる学科の知識を結合力」「過去の経験および技能の運用力」「自己問題分析・解決力」「初歩的研究・創造能力」である (教育部：2002年)。また、「交流および協同能力」とは、「人と一緒に目標を立て、目標実現に向け努力できる」「人の観点と立場を理解し尊重する」「自己の行いを評価し終結させること」「各種の交流・疎通方法を総合的に用いて協同を進める」(教育部：2002年)とされている。よって、以上の二つの評価区分は生涯学力における学力観点ときわめて近い評価基準を有しているといえる。

第3節　学力観に関する調査

(1) 子ども自身の学力観の調査

　前述したように，これまで中国政府が素質教育を推進してきた過程においてはその解釈をめぐる混乱や教育現場におけるさまざまな共通認識のずれ，また親や教師からの依然として強い受験学力推進の要望などにより，素質教育の制度的な実施自体も不安定な面があるため今後の動向が懸念されている[12]。

　しかしながら，社会一般，多数の学校関係者や保護者が素質教育の学力観に対して懐疑的なのではなく，一方では多くの賛同者が存在するのも事実である。

　少なくとも筆者の訪問した中高等学校教師は，大学受験を中心的な射程とする受験学力の無意味さ，学校卒業後の社会的実践力の欠如についての問題認識が強い[13]。また，保護者のなかでも地域の社会教育施設などの利用を通じた学校外学習活動の機会を子どもに勧める親が多く，そうしたクラスの多くが常に満員であるという[14]。そうした親たちには，学校以外で培われる学力の重要性や育成に対する認識がみられるのであり，生涯学力に向けた一定の方向性，価値志向性を有していると考えるのが適当ではないだろうか。

　そうであれば，ここでわれわれは中国の素質教育における制度的なかかわりにおいて，中心的な位置を占める子ども自身の生涯学力に対する認識や方向性について検討し，彼／彼女らの学力観に関する志向性，あるいは関連認識のメカニズムについて考察することに一定の意義を確認することができる。たとえば，彼／彼女らの生涯学力観に対する認識のあり方は，2005年度よりカリキュラムに設置された総合実践科目に対する取り組み姿勢に直結しているとも考えられるし，またそれらを通じて育まれる学力に，彼／彼女ら自身が最も敏感でなければ素質教育における学力形成への転換はおぼつかないであろう。

　よって，本節では子ども自身の生涯学力に関連する認識・評価のテーマを浮

き彫りにすることを目的として，とくに学校学力のなかでこれまで主力とされてきた受験学力と，生涯学力のうちの「交流および協同能力」のそれぞれに関連する学力観を取り上げて実施したアンケート調査の結果を分析する。

(2) 子どもの生活環境：人間関係と学力観

　子ども自身における社会観や物事に対する価値観など，精神的な世界観に最も影響を与える得る環境上の要因の一つとして，彼／彼女ら自身の日々の人間関係のあり方を省くことはできないであろう。それら人間関係のなかでも，とくに子ども自身の連帯・共同意識，居場所など帰属意識の形成が促されうる所属集団におけるかかわりは，子どもの生活上の心情や態度，生きる力などの状態に一定の影響を及ぼしていると考えるのが普通である。

　子どもにとってそのような心的発達の状態に最も影響を与える主要な人間関係の一つが家族といえる。親子等を中心とした血縁における連帯・共同意識，期待や圧力などを媒介する家族との関係のあり方は，子どもの自身の生きる意欲や態度，ひいては生涯学力に対する考え方にも関与していると考えるのが自然である。たとえば，教育現場の教師が素質教育の重要性と意義を理解する大きな理由の一つが，離婚の増加など近年の家庭内の人間関係の変化による子どもの素質力の低下感である[15]。また，中国人の親子関係に関する先行研究では，中国人親子の間に一定レベルの絆が形成されていることが指摘されている[16]。ならば，とくに中国では家族という所属集団におけるアイデンティティのあり方が，子どもの生涯学力の認識に対して影響要因である可能性は高い。

　第二に，家族と同様に子どもに影響を与えるもう一つの人間関係は，学校における教師との関係である。教師との関係のあり方は，必ずしも子どもの生活全般における態度・心情に影響を及ぼしているとはいえない。しかし，少なくとも教師に対する信頼関係などを通じた学校生活での連帯感やアイデンティティは，学校教育における諸活動への適応力，参画レベルを左右すると考えるのが適当である。中国社会では，子どもの学業成績や学校適応に対する学校教師

```
      ┌─────────┐    ┌──────────────────┐      ┌─────────┐
      │ 家族関係 │    │ 子どもの心情・態度 │      │ 子どもの │
      │ 教師関係 │⇔  │ 積極性／意欲／気力│ ⇒    │ 学力観  │
      └─────────┘    │ 生きる力／(目的意識)│      └─────────┘
                     │ ／問題解決力／自己同│
                     │ 一性／コミュニケー │
                     │ ション力          │
                     └──────────────────┘
```

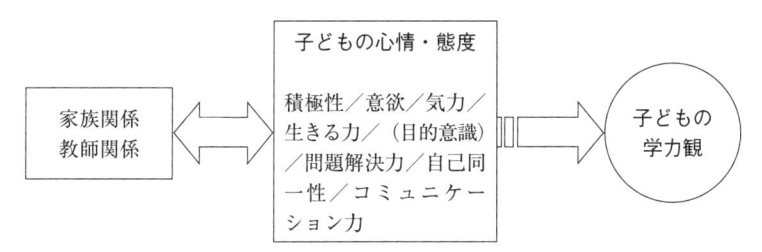

図7-1　子どもの学力観（生涯学力観を含む）の影響要因

の役割が，とくに重要な要因としてとらえられている先行研究もある[17]。総合実践科目のように，生涯学力観を含む素質教育の価値基準に基づく活動に取り組む姿勢や態度には，子どもの教師との関係が一定の影響要因となっているとおもわれる。

　以上のように，子どもの学力観に影響を及ぼすと考えられる主要な二つの人間関係要因を用い，本調査の仮説モデルを図示したものが図7-1である。

　子どもの所属する家族のネットワークで形成される連帯感，共同意識，期待などは，過度のストレスや逃避行動のきっかけとなる原因ではあるが，一方で，子どもの本人のアイデンティティ，積極性，意欲，気力，目的意識，問題解決やコミュニケーション力などが培われる場でもある。そのような機会をとおした子どもの心情や態度が，学力に関する価値観（学力観）に影響を与えうる。また，同様に学校生活においては，子どもと教師との関係の性質が，子どもの心情・態度を通じて学校において重要であると考える価値観に影響を与え，子ども自身の学力観を規定する要因になっていくと想定したものである。

(3)　調査概要と知見

　調査概要は表7-3のとおりである。合計4地点の中学校（日本の中・高等学校に相当する）を訪問し，それぞれアンケート用紙を200部ずつ計800配布した。質問項目には，学力観に関する諸項目ならびに家族関係，教師関係に関する諸項目を設定した。

表7-3　調査概要

実施期間：2009年9月15日〜17日
実施場所（配布部数／回答部数）
広州市44中学（200部／191部） 広州市47中学（200部／189部） 天河中学（200部／191部） 天秀中学（200部／195部）
調査方法　集合調査
主な質問項目：学力観／家族との関係／教師との関係
備考：受験学力が比較的高いといわれる中学生徒を回答者としている

　学力観の項目の内訳として，素質教育ならびに生涯学力に関する学力観の要素であり，とくに「交流・協同能力」を表象する項目群（7項目），「受験学力観」を表象する項目群（7項目）をそれぞれ設定している（表7-5）[18]。これらの教育的な価値基準に関するそれぞれの項目に対し，自分がどの程度重要であると考えているのかを「とても重要である／比較的重要である／それほど重要でない／重要でない」から一つ回答している。

　また，説明的変数とした家族関係，教師関係の項目には，それぞれの分野の先行研究から項目を一部修正して引用した（表7-4）[19]。回答では，これら自分と家族／教師との関係のあり方についての各項目に対し，「当てはまる」（4点），「少しあてはまる」（3点），「あまり当てはまらない」（2点），「当てはまらない」（1点）から選択してもらった。

　学力観についての質問項目群に対して因子分析処理をすると，表7-5のように三つの因子が抽出された。それぞれの項目群の内容から，生涯学力観（交流および協同能力）に関する項目群，受験学力に関する項目群，その他（個性重視）といった，生涯学力観と受験学力観に関して初めに想定された結果と同様の因子に分かれた。このことから，以下，抽出されたこれらの因子をそれぞれ生涯学力因子，受験学力因子，個性重視因子と名づけた。

表7-4 家族関係／教師関係についての項目群

家族関係	教師関係
・自分は家族が好きだ ・家族を尊敬している ・家族は頼りがいがある ・家族のようになりたい ・家族とはうまくいっている ・自分は家族から愛されていると思う ・家族は自分にとってこわい存在だ ・家族は自分のすることになにかと口出しする	・先生といつでも相談ができる ・先生と相談した後安心できることがある ・先生と話し合った後，安心できることがある ・先生と話し合った後，困難に立ち向かう勇気がでることがある ・困っているとき先生は助けてくれる ・将来のことについて先生と相談できる ・先生は自分に注目してくれている ・先生は自分に関心をもっている ・先生は私の失敗に対して寛容である ・先生は私の立場や気持ちを理解して優しくしてくれる

　次に，生涯学力因子および受験学力因子それぞれの因子得点と家族関係および教師関係それぞれとの関連を探ることを目的として，各因子得点と関係項目群の合計得点との相関を抽出した。その結果，生涯学力因子得点と教師関係得点，家族関係得点との間にそれぞれ0.32，0.29の相関係数を得た（表7-6）。この結果から，教師関係のほうが若干高めであるが，教師・家族との関係性がより強いと考えられる子どもにおいて，生涯学力観が高くなる傾向があることを示している。

　いっぽう，受験学力因子と教師・家族関係得点との関連では，それぞれ0.17，0.16の相関係数が抽出された。受験学力観とこれら関係得点とは，関連がないわけではないが，生涯学力観と比べると弱い相関であることが示されている。このことは，子どもの学力観における受験学力観が，生涯学力観ほど家族，教師といった関係性の強さと相関しないことを示している。

　さらに，子どもの家族・教師関係の合計点と生涯学力因子得点との関係をあきらかにするため，まず，教師関係得点を上中下の3群に区分し，そのうちの下位群と上位群で，生涯学力因子得点に差があるかT検討を行った。その結

表7-5 学力観項目群の因子分析結果

学力観項目	生涯	受験	個性	共通性
○集団・他者に対する自分の責任を学び,謙虚に人の意見を聞く	0.64	0.04	0.10	0.42
○自分を激励,批判することができ,かつ自尊心と自重心をもつ	0.60	0.06	0.00	0.37
○感情やわがままを抑えて自分を集団に調和させ,積極的に悪い習慣,学習および生活上の困難の克服や挫折を経験して耐力をもつ	0.58	0.06	-0.03	0.34
○仲間やクラスメイトとの交流で,人の長所を発見することを求め,さらに彼らを学習に向けて,友人の能力を選別して悪い習慣の影響を受けないよう注意する	0.50	0.15	0.01	0.28
○自発的に周りの人と交流を望み,それが自分の学習,生活,成長に重要な関わりがあると理解する	0.49	0.17	0.10	0.28
○クラスメイトと付き合い互いに団結し,一緒にひとつの仕事に取り組み協力するなかで,割り当てられた責任を引き受ける意志があること	0.49	0.13	0.12	0.27
○自分の長短所を知って,集団における自分の地位・役割を理解すること	0.45	0.07	0.07	0.21
○少なくとも知名度のある大学に入学すること	0.13	0.84	-0.10	0.74
○名門大学に入学すること	0.08	0.83	-0.06	0.70
○有名大学に入れないのは,親戚や知人に対して恥ずかしいということ	0.00	0.46	-0.21	0.25
○世間に出て納得されるだけの学歴を身につけること	0.21	0.42	-0.06	0.22
○大学受験に有利な中学に進学できるようにできるだけ努力すること	0.26	0.42	-0.06	0.24
○無理に有名大学に進学するよりも,どちらかといえば自分の趣味にあった生き方をすること	0.12	-0.13	0.66	0.46
○有名校に進学することだけが,人生の目的ではないということ	0.07	-0.16	0.52	0.30
寄与率	15.59	14.86	5.74	
累積寄与率	15.59	30.44	36.18	

表7-6　生涯学力・受験学力因子得点と教師関係・家族関係合計点との相関

	教師関係合計点	生涯学力因子得点	受験学力因子得点
家族関係合計点	0.34**	0.29**	0.16**
教師関係合計点		0.32**	0.17**

** = $p<0.01$

表7-7　生涯学力因子と教師関係・家族関係（T検定）

生涯学力因子	N	Mean	SD	df	t
教師関係下位群	114	−0.5	0.8	176.23	6.31***
教師関係上位群	99	0.35	1.11		
生涯学力因子	N	Mean	SD	df	t
家族関係下位群	151	−0.33	0.88	251	6.34***
家族関係上位群	102	0.44	1.05		

*** = $p<0.001$

果，t(176.2) = 6.31 $p<.001$ で教師関係上位群のほうが下位群に比べ有意に得点が高かった（表7-7）。また同様に，家族関係得点の下位群と上位群で，生涯因子得点に差があるか検討を行った。その結果，t(251) = 6.34 $p<.001$ で家族関係上位群のほうが下位群に比べ有意に得点が高かった。

以上のことから，子どもの家族，教師それぞれの関係性がより強いと考えられる子どもの区分集団では，そうでない子どもの集団と比較した場合，学力観における生涯学力観がより高いといえる。

第4節　日本への示唆と考察

中国政府の素質教育に関する文書の文脈にはみられないが，前述したように，多くの現場の教師たちが，子どもの生きる社会，家庭環境の変化による危

機感から素質教育の重要性を理解している。子ども自身のいわゆる素質力の低下から，欠如した学力を新たな学校教育の学力形成の方向によっていかに補足していくのかが問われているといってよいだろう。

本章の中国素質教育にかかわる学力観調査では，子どもの家庭および学校における人間関係（家族・教師関係）は，子ども自身の生涯学力観に一定の関連を有していた。つまり，家族・教師との連帯や信頼関係は生涯学力における子どもの学力観に影響しており，結果，そうした学力形成の意味が子どもの心に内面化される傾向が高いということである。よって，生涯学力形成をふまえた子どもの教育環境においては，教師と家族という基礎的な人間関係の充実が重要であることが改めて確認されたといえる。

ここで，日本の子どもの学習意欲，生きる力，そして生涯学力の低下の現状を顧みると，他国と比較して意欲の低下や将来的な希望や野心，可能性の探求といった自立的な学習能力の低下が指摘・懸念されている。同時に，過去と比較した場合の日本の地域における教育力の低下，個人主義の浸透，子どもの遊びや生活体験の貧困など社会構造の変化があげられている[20]。また，そうした社会の教育力の低下が，地域行事・ボランティア活動の参加に対する意欲や家族との会話時間に影響するといわれる[21]。つまり，社会活動の減少が，子どもの経験不足と「感情の希薄化」を引き起こし，それに伴い学校・家庭の教育力をさらに低下させる悪循環を指摘する声さえある[22]。

日本では高度経済成長期以後，中国と同様に人間関係を通じた教育環境の貧困が留意されてきたのであり，日本の問題は今後の中国における学力観・学力政策に関する課題の方向と重なり合うことになろう。ただし，日本の状況をふり返ってみると，家族，教師といった基本的な人間関係の紐帯自体が個々の子どもにおいていかに維持形成されてきているか，その不透明な先行きは中国の事情よりもさらにずっと先の地点を歩いているといわざるをえない。中国の子どもたちにとっては，総じて日本の子どもたちよりも家族・親戚ネットワークが自分のアイデンティティの中核を占めており，また，学校でも教師の果たし

ている役割や影響は依然として強いようである[23]。子どもの生活環境における基本的な人間関係の充実の必要性が急を要するのは，日本のほうである。

　われわれは相互学習・交流能力，自己学習課題に対する意欲（＝生涯学力）を高める環境を日本の子どもたちにいかに形成しうるのか。大人たちのほうも同様に生涯学力の向上とその十分な発揮が求められているといえる。

金塚　基（東京未来大学）

注
 1) 前田耕司「学習社会における「生涯学力」形成の課題―「生涯学力」概念の枠組みに基づく考察―」『日本学習社会学会年報』第5号，2009年，45頁。
 2) 田奕「中国の「素質教育」についての検討―経済の高度成長期における中日の教育政策の比較―」『人文学報：教育学』35号，2000年，112頁。
 3) 日暮トモ子「中国における学力観・学力づくりへの取り組み」『日本学習社会学会年報』第4号，2008年，17～18頁。
 4) 国務院「中国教育改革和発展綱要」1993年／国務院「関於進一歩加強和改進学校徳育工作的若干意見」1994年／国務院「関於深化教育改革全面推進素質教育的決定」1999年／国務院「関於基礎教育改革与発展的決定」2001年／教育部「基礎教育課程改革綱要（試行）的通知」2001年／教育部「関於積極推進中小学評価与考試制度改革的通知」2002年。
 5) 王策三「保証基礎教育健康発展―関於由"応試教育"向素質教育転軌提法的討論」『北京師範大学学報（人文社会科学版）』2001年第5期，62～68頁。
 6) 前掲3)。
 7) 劉煜「中国の〈素質教育〉の意味の多様性―〈素質〉概念の形成過程の検討を通して―」『中央大学大学院研究年報』第34号，2005年，165～170頁。
 8) 『広辞苑』第5版，岩波書店，1998年。
 9) 『中日辞典』第2版，小学館，2002年。
10) 劉煜，前掲，170～171頁。
11) たとえば，日本の就学前教育機関である幼稚園教育のガイドラインとされる『幼稚園教育要領』（文部科学省）では，発達領域が5つの領域（健康／人間関係／環境／言葉／表現）に区分され，それぞれにおける子どもの心情，意欲，態度のあり方が期待され，重視される。
12) 阿古智子「学校組織を通してみる現代中国における国家と社会の関係―上海の公立・私立中学校におけるフィールドワークを手がかりに―」『アジア研究』Vol. 48, No. 2, April 2002, 16～17頁では，素質教育が学校現場でいかに形骸化した「公の論理」の押

しつけとして現場教師の負担となっているかにふれられている。
13) 広州市天秀中学・天河中学教員への聞き取り（2009年9月17日）。
14) 広州市越秀区少年宮講師への聞き取り（2008年12月26日）。
15) 広州市第21中学教員への聞き取り（2008年12月24日）。
16) 高天碩ほか「中日大学生の独立意識と親子関係」『久留米大学心理学研究第7号，2008年，19～28頁。篠原しのぶほか「青年の甘えと社会的適応に関する発達心理学的調査研究」『福岡学院大学紀要　人間関係学部編』第3号，61～69頁。
17) Chen, C,. & Uttal, D. H. 1988. Cutural values, parents' beliefs, and children's achievement in the United States and China. *Human Development*, 31, 351-358. 欔宇華「中国都市部中学生の学校忌避感を抑制する要因に関する研究」『教育心理学研究』第54巻2号，233～242頁。
18) 受験学力については，大芦治ほか「タイプA行動パターンの発達に及ぼす両親の学歴志向および養育態度の影響」（『発達心理学研究』第7巻1号，1996年，44頁）より選択・引用した。生涯学力については，斉放主編『小学素質教育概論』（吉林教育出版社，2002年，141～143頁）を参考に設定した。
19) 家族関係については，中村真ほか「子どもの意識・態度の形成因としての親子関係に関する研究」（『日本パーソナリティ心理学会大会発表論文集』(16)，2007年，84～85頁）を参考にして設定した。また，教師関係については，中井大介ほか「中学生の教師に対する信頼感と学校適応間との関連」（『発達心理学研究』第19巻1号，2008年，61頁）を参考に設定した。
20) 末崎雅美「子どもの生活文化をつくりだす生活体験学習の今日的意義—ことば，技，遊びの世代間比較を通して—」『生活体験学習研究』第2号，2002年，17～22頁。
21) たとえば，板良敷敏「学習意欲と能力が一体的に働く学力の向上」『教育総合研究叢書』1，2008年3月。中川忠宣ほか「家庭，学校，地域社会の「教育の協働」に関する調査分析の報告」『大分大学高等教育開発センター紀要』(1)，2009年3月。
22) たとえば，斎藤哲瑯・藤原昌樹「子どもたちの地域活動や感動体験等に関する調査研究」『川村学園女子大学研究紀要』第14号1号，2003年。
23) 松井洋「日本の若者のどこがへんなのか—中学生・高校生の国際比較から」『川村学園女子大学研究紀要』第11巻1号101～114頁。

参考文献
朱浩東編集代表『人間形成の課題と教育』三一書房，2007年
小島麗逸，鄭新培編著『中国教育の発展と矛盾』御茶の水書房，2001年
日本国際教育学会創立20周年記念年報編集委員会編『国際教育学の展開と多文化共生』学文社，2010年

第8章
生涯学力からみたロシアの学力構想と課題
―カリキュラム改革の現状と問題―

第1節　学力問題の所在と生涯学力概念の探求

(1)　学力問題の所在

　学力問題は，戦後日本の教育改革を一瞥しただけでも，折にふれて，あるいは各時代の転換期に必ずといってよいほど登場している。それは子どもの学力が，個人的な将来だけでなく，未来の社会的・経済的発展と深くかかわっており，国の命運をかけた国策としての性格を併せもっているからである。国家戦略としての教育の性格は，知識基盤型社会の到来という時代的制約の下でいっそう強化され，世界的規模で教育の見直しや改革が進められている。2000年から開始され，3年ごとに実施されているOECD生徒（15歳児）の学習到達度調査（PISA）もこの動きを加速している。

　ここで問題は，PISA型学力（知識や技能の活用能力）さえも受験学力とみなし，その対策に追われている現状であろう。いわゆる「学校学力」に長けた「ひ弱な」あるいは「孤立した」秀才が学校を席巻し，卒業後の過酷な競争社会の中で呻吟している構図は誰もが望むところではないであろう。生涯的な展望に立った学力形成のための学力観が求められる所以である。

　こうした状況を改善すべく，「生涯学力」概念が提起され，問題解決の糸口を探る試みが行われている[1]。「生涯学力」とは，「狭義の学校学力とは異なり（その一部は含まれるが），生涯にわたって自己もしくは地域の学習課題に取り組んでいく意欲および自己学習に向かう力」（前田耕司，2006）と定義されている。この考えに示唆を得つつ，またこの考え方を拡張しつつ，従来の学力観を

ラジカルに見直す必要に迫られている。

(2) 生涯学力からみた学力パラダイムの展開

生涯学力の視点から学力問題を検討すると，次のようなパラダイムがいっそう明確に切り拓かれる[2]。

①学力を学校のなかだけでなく，より広い社会的文脈のなかに位置づけてとらえ直すこと。つまり，「個人－家庭－学校－地域」といった諸要因との関連で，学力形成のメカニズムを解明すること。

②短期的な評価になじまない，長期的な視野から評価すべき力も学力分析の射程に入れること。つまり，生涯学習の視点から，学校学力を相対化し，現在と将来との関係を視野に入れた学力論を展開すること。

③ペーパーテストだけでは測定することの困難な力をも，重要な学力要因とみなして分析すること。つまり，「人間力－学習・指導力－実践力」といった諸要因との関連で，学校のなかだけでは狭隘になりがちで，これまでとらえがたかった力をも重要な学力要因として解明すること。

これらの視点は，学力が，授業という直接的な教授・学習によってのみ育成されるのではなく，また，その習得はただ単に個人的な営みなのではなく，他者との協働の過程で習得されるものであり，家庭や学校及び地域社会の教育環境に大きく依存していること，現在だけではなく生涯というスパンを視野に入れた考察が必要であること，「子ども－子ども，子ども－大人，大人－大人」といった人間関係や協働関係の質によって学力は大きく規定されることを明らかにする点できわめて重要である。

学力問題の根底にある学力観にかかわって言及すれば，知識や技術の習得を重視する伝統的な学力観と関心や意欲，自主的な思考や問題解決を重視する新教育型の学力観との間にあって，どのように対処すればよいのか右往左往してきたのが教育現場の実態であろう。文部科学省は新学力観を「確かな学力」と再定義し，「知識や技能はもちろんのこと，これに加えて，学ぶ意欲や，自分

で課題を見つけ，自ら学び，主体的に判断し，行動し，よりよく問題を解決する資質や能力等までを含めたもの」（中央教育審議会，2003）としたうえで，前者を「習得型の教育」，後者を「探求型の教育」と特徴づけ，これらを「対立的あるいは二者択一的にとらえるべきものではなく，この両方を総合的に育成することが必要である」（中央教育審議会，2005）と教示している。

しかしながら，この教示そのものは首肯されるとしても，「総合的に育成する」とはどのように育成するのか，学ぶ意欲や思考力・判断力はどうすることによって育成され（育成戦略），どのように評価されのか（評価指標）などが不明確で，その具体的な方策は現場に任されているといっても過言ではない。

本稿では，ロシアのカリキュラム改革を事例に取り，上記生涯学力の視点からロシアの学力構想を評価し，知識・技能の育成と学ぶ意欲や学ぶ力の育成とはどのように関係づけられ，どのように育成されようとしているのかを検討することにより，日本の教育，とりわけ学力問題への示唆を得ることを目的とする。

第2節　第二世代の国家教育スタンダードの導入経過とカリキュラム改革

(1) 第二世代の国家教育スタンダードの導入プロセス

新しい連邦国家教育スタンダード（第二世代のスタンダード）にもとづく教育課程は，2011年9月からまず初等教育段階で全国的に導入されることになった。ここに至るまでの経過は，2007年7月に，2004年制定の現行「普通教育国家スタンダード」（第一世代のスタンダード）の改訂が国家会議（日本の衆議院）に提起され，3回にわたる審議（読会）を経て，同年12月にその廃止と連邦教育法の大幅な修正が行われたことに始まる。第一世代のスタンダードは，日本の学習指導要領と同様に10年ごとの改訂が定められていたが，それを待たず新たなスタンダードが創設されることになったのである。

改訂の主な理由は，活用能力の育成を目指した第一世代のスタンダードがその意図するところを十分に発揮できなかったこと，多民族・多言語国家としてのカリキュラム編成原理である三層構造のコンポーネント・システムがロシアの統一的発展を歪めているとする勢力が多数を占めたことなどである。

第一世代のスタンダードは，なぜその意図するところを十分に発揮できなかったのか。ロシアではズーノフスキー・アプローチ（ЗУНовский подход: Знание 知識，Умение 技能，Навык 習熟の頭文字をとったもの）といわれる従来の伝統的方法が教育界を圧倒的に支配しており，それに代わる新しい教授法が示されなかったからである。「一般的な学習能力及び活動方法」は強調されたものの，それががどのような能力で，教科や教科横断的学習との関連でどのように育成するのかがまったく不明であった。加えて，国際学力調査の結果も，こうした改訂への動きを後押しした。ロシアは，TIMSS 調査では総じて OECD 平均かそれを上回ってり，IEA が行った第 2 回国際読解リテラシー調査 PIRLS-2006（40 カ国参加）ではトップに躍り出たものの，これまでの 4 回にわたる PISA 調査ではいずれの分野も OECD 平均より低い位置にある。

また，ロシアの教育制度を特徴づけてきたコンポーネント・システムは，多民族・多言語国家としてのロシア社会の特質を反映して，カリキュラムの編成権を連邦権限，構成主体権限及び学校権限の 3 つに区分し，カリキュラムを連邦全体で共通に習得すべき連邦要素，構成主体（2011 年 3 月現在 83 主体）の定める地域・民族要素および学校要素から編成するものであった。これは，多民族・多文化共生社会の促進を教育の面から支える柱の一つであった。このシステムが廃止されることに対しては，当然ながら，地域・民族代表からはその権限が弱体化することへの反発とさまざまな疑問が出された。しかし，最終的に定められた基本教科課程は 3 種類に絞られ，教育過程の参加者によって選択される方式に代えられた。

こうした経緯を経て，2009 年 10 月に「初等普通教育連邦国家教育スタンダード」が正式決定され，これまでの拡大検定（学校での実験的試行）をふまえ

て，2010年9月から条件の整っている一部の学校で導入され，2011年9月から初等段階のすべての学校で「段階的」に実施される運びとなった。「段階的」とは，2011年に第1学年，2012年に第2・5学年，2013年に第3・6・10学年，2014年に第4・7・11学年，2015年に第8学年の順序である[3]。

(2) 第二世代のスタンダードと基本教科課程

第二世代のスタンダードでは，教育内容をすべての生徒が学ぶ「義務的部分」と「教育過程の参加者によって編成される部分」に分け，初等段階の4年間で3210時間（日本は4年間で3685時間）を年間授業負担の上限とし，前者に80％，後者に20％が配分されるとしている。また，基本教科課程は，①ロシア語教授言語学校用，②ロシア語教授言語学校だが母語も教える学校用，③母語（非ロシア語）教授言語学校用の3つが提示されている[4]。第一世代のスタンダードでは年間授業負担の上限は，①の学校の場合，週6日制で3210時間，週5日制で2904時間，③の学校の場合，週6日制のみで3210時間とされていたが，第二世代のスタンダードではいずれも3210時間に一本化されている[5]。また，週5日制をとるか週6日制をとるかは，教育機関によって自主的に決定される。

①の基本教科課程では，「教育過程の参加者により編成される部分」は289時間で全体の約9％，②では85時間だが，母語・文学の405時間を加えて実質15％，③でも85時間だが，母語・文学の709時間を加えて実質24.7％となっている。地域・民族要素と学校要素を合わせた時間数の割合は，1993年スタンダードで48％，2004年スタンダードでは約20％となっていたので，①の地域・学校裁量の部分が減少したことになる。次の表8-1と表8-2は，①と③の学校用の基本教科課程を示したものである。

特筆すべきは，サークル・見学・討論・科学実践会議・プロジェクト活動・大会・オリンピックなどの形態で実施される課外活動が4年間で1350時間配分されていることである。この課外活動は，学校以外に補充教育機関（日本の

表 8-1　ロシア語教授言語学校基本教科課程　表 8-2　母語（非露語）教授言語学校基本教科課程

教科分野	教科＼学年	年間授業時数 I	II	III	IV	全学年	教科分野	教科＼学年	年間授業時数 I	II	III	IV	全学年
	義務的部分							義務的部分					
言語・文学	ロシア語	165	170	170	170	675	言語・文学	ロシア語・文学的読方	132	204	170	204	710
	文学的読方	132	136	136	136	540		母語・文学的読方	165	170	204	170	709
	外国語	—	68	68	68	204		外国語	—	68	68	68	204
数学・情報	数　学	132	136	136	136	540	数学・情報	数　学	132	136	136	136	540
社会・理科	まわりの世界	66	68	68	68	270	社会・理科	まわりの世界	66	68	68	68	270
ロシア諸民族の精神・道徳文化の基礎	ロシア諸民族の精神・道徳文化の基礎	—	—	—	17	17	ロシア諸民族の精神・道徳文化の基礎	ロシア諸民族の精神・道徳文化の基礎	—	—	—	17	17
芸　術	音　楽	33	34	34	34	135	芸　術	音　楽	33	34	34	34	135
	造形芸術	33	34	34	34	135		造形芸術	33	34	34	34	135
技　術	技　術	33	34	34	34	135	技　術	技　術	33	34	34	34	135
体　育	体　育	66	68	68	68	270	体　育	体　育	66	68	68	68	270
計		660	748	748	765	2921	計		660	816	816	833	3125
教育過程の参加者により編成される部分		—	102	102	85	289	教育過程の参加者により編成される部分		—	34	34	17	85
年授業負担の上限		660	850	850	850	3210	年授業負担の上限		660	850	850	850	3210
課外活動（サークル，セクション，プロジェクト活動，その他）		330	340	340	340	1350	課外活動（サークル，セクション，プロジェクト活動，その他）		330	340	340	340	1350
財務措置の対象となる総時間数		990	1190	1190	1190	4560	財務措置の対象となる総時間数		990	1190	1190	1190	4560

出所：ロシア連邦教育・科学省「第二世代のスタンダード：初等学校の模範・基礎教育プログラム」（プロスヴェシェーニエ社）2010 年を参考に作成。

社会教育機関にあたる）や文化・スポーツ組織，学校や補充教育機関が組織する夏季学校などでも行われる。「課外活動」が教科課程の必須の構成部門に位置づけられたのは，ソ連時代をとおしてこれまで初めてのことである。これには週10時間が配分され，表8-3の内容から編成される。義務となる時間数は週10時間だが，生徒は興味・関心のある課外活動を一つまたは複数選んで，20時間〜24.5時間を余分にその活動に当てても，無償になることを意味している。

表8-3 課外活動の模範教科課程

活動の種類	週時間数				計
学年	I	II	III	IV	
スポーツサークル・セクション	2	2	2	2	8
愛国者を育てよう	2	2	2	2	8
教科サークル	2	2	2	2	8
音楽サークル・演劇スタジオ	2	2	2	2	8
社会活動	1	1	1	1	4
プロジェクト活動	1	1	1	1	4
計	10	10	10	10	40
財務措置の対象	30	34	34	34.5	132.5

出所：ロシア連邦教育・科学省，前掲書から作成。

まったく新しい教科として「ロシア諸民族の精神・道徳文化の基礎」が導入されている。ロシアでは，ロシア正教を必修とするなど，憲法や連邦教育法に定められた教育の世俗性原則に違反する一部の州（ベロゴロド州，ウラジーミル州など）が現れており，その対策として宗派に偏らない宗教教育の導入が模索されてきた。内容的には，ロシア連邦の市民としてのアイデンティティや愛国心の育成，諸民族の伝統・文化・習慣・価値の尊重および連邦内の伝統的宗教などを柱とするものになっている。

第3節　普遍的学習行為の概念とシステム・活動アプローチ

(1) 普遍的学習行為の概念

　教育課程の編成の基礎となる教育プログラムは，「概説」「各段階の普通教育目的」「基本教科課程」「普通教育内容の基本的核」「教科課程の模範プログラ

ム」「普遍的学習行為形成プログラム」「生徒の学習到達度評価システム」「課外活動プログラムを含む生徒の訓育・社会化プログラム」から構成される。「普通教育内容の基本的核」とは、知識や技術に関する科学思想、理論、基本概念、事実の体系と「普遍的学習行為」とからなる。「普遍的学習行為」（универсальные учебные действия）とは、経験の積極的獲得による自己発達の能力、自ら学ぶ能力、知識の自主的習得に関する行為を意味し、これが従来の知識・技能・習熟の獲得と並んで普通教育内容の一大部門として位置づけられたのである。具体的には、学習の動機づけ、学習目的の自覚、課題設定の意味づけ、実行・評価といった一連の活動や授業の際の「メタ教科学習行為」（または教科間学習行為）を含み、以下の4種類が示されている[6]。

①個人・人格にかかわる普遍的学習行為：生涯にわたる個人の職業的自己決定を見据えた生徒の価値志向や意味形成行為。学習の動機と目的との関係や倫理的行為の結果を意味づける行為がこれに当たる。

②調整的普遍的学習行為：生徒の既習事項と未習事項との相互関係にもとづく課題の設定や活動方法および計画の修正に関する行為。

③認識的普遍的学習行為：自ら問題を設定し解決する行為で、認識目的の自主形成、情報探索方法の活用、記号・シンボル活動および方法や活動条件の反省に関する行為。

④コミュニケーション行為：教師や同級生と協働学習を行い、他人の意見を聞き、討論や問題の集団的審議に参加し、同級生や異年齢集団のなかでグループ活動を行い、さまざまな葛藤を解決する行為。

以上の4つの普遍的学習行為と各教科の内容は、個人・人格面での能力の獲得要求（個人・人格に係わる普遍的学習行為の達成度）、メタ教科面での能力の獲得要求（認識的、調整的、コミュニケーション的普遍的学習行為の達成度）、教科面での知識・技能・習熟の獲得要求に分けられ、教科や課外活動におけるこれらの成果に対する要求が具体的に示されている[7]。

(2) スタンダードの基礎としてのシステム・活動アプローチ

これらの能力の育成は，活用能力を重視するPISA型学力とも通底するものだが，OECDが規定するコンピテンシーとの違いは，普遍的学習行為の形成が，ヴィゴツキー，ルリヤ，レオンチェフ，ザンコフなど，ソ連時代の教育学者・心理学者により開発されてきた文化歴史学派のシステム・活動アプローチに依拠しており，明確な社会的構成主義の立場から構想されていることである[8]。当該スタンダードにも，「スタンダードの基礎は，システム・活動アプローチである」（Минобрнауки РФ, 2009, с. 4）と明記されている。

アスモロフ教授によれば，ソ連時代のヴィゴツキー学派の理論は，アカデミックな学術分野で細々と展開されてはいたが，研究の分野でも教育現場においてもロシアの教育制度とは並行的な関係にあり，きわめて限定的な影響しか及ぼさなかったという。それでは，システム・活動アプローチとは何か。アスモロフ教授は次のように述べている。

「システム・活動アプローチの概念は，特別な種類の概念として1985年に私たちによって導入された。私たちは，当時既に，私たちの祖国の科学の古典家達（例えば，ベ・ゲ・アナニエフ，ベ・エフ・ロモフ及びその他一連の研究者達）の研究において開発されたシステム・アプローチといつもシステム的であった活動アプローチ（それを開発したのはエル・エス・ヴィゴツキー，エル・ヴェ・ザンコフ，ア・エル・ルリア，デ・ベ・エリコニン，ヴェ・ヴェ・ダヴィドフ及び多くのその他の研究者達）との間にある祖国心理学の内部対立を除去しようと努力した。システム・活動アプローチは，これらのアプローチの統合の試みである。まさにそれは多くの開発のための土台となった。幾人かの素晴らしい学者達，とりわけヴェ・デ・シャドリコフは，別の方法でこのアプローチにたどり着き，スタンダードの作成に関与した」（А. Г. Асмолов, 2009, с. 19）。

しかし，駒林邦男の詳細な研究が明らかにしているように，彼らの間の論争は熾烈で「訓詁学的」といってよいほど子細にわたっており[9]，実際にはなかなかまとまらなかったようである。そこで，アスモロフ教授が連邦教育省の第

一次官として赴任した翌年（1993年）に，彼のリーダーシップの下で相違を超えて，協力することで合意したのだという。彼は次のように述べている。

「ソ連時代を通じて今日のロシア連邦においても，この学派が学校実践に影響を与えたのは，エリコニン・ダヴィドフとザンコフのものを併せてもせいぜい全学校の15％程度であった。今回初めてこの学派の考え方が政策的に支持され，全学校で実践されることになった。その際，1993年にシステム・活動アプローチをとるすべての学者が教育・科学省に集まり，『手打ち式』を行った。それまでは，ソ連時代からお互いに批判し合ってきており，一緒になることはなかった。1993年に『ザンコフシステムによる教科課程』や『エリコニン・ダヴィドフシステムによる教科課程』がバリアントとして推奨されたことがあったが，これはその反映である。これらの各学派の統合の核はシステム・活動アプローチをとるということだ」[10]。

システムアプローチは，教育の目的，教育過程の主体，教師と生徒，教育内容，教育過程の方法・形態・手段，教育を取り巻く環境や物的・人的条件およびその他の相対的に独立した要素を相互に関連した諸要素の統合として構造的にとらえるもので，システムと構造が中心概念である。したがって，教育の課題は，それらの要素の相互結合を如何に図るかである。他方，活動アプローチは，活動こそが人格発達の基礎・手段・条件であり，「人間の心理的能力は，内的精神的活動に対する外的な対象的活動の連続的改造による変革の結果であるという命題から出発する。従って，生徒の人格的，社会的，認識的発達は彼らの活動，第一には学習活動の組織的性格によって規定される」（А. М. Кондакова, А. А. Кузнецова, 2008, с. 15）と考える。したがって，システム・活動アプローチの基本思想は，「思考は行為から生まれる」「知識は行為のシステムから生まれる」ということになる。ここで「活動」（деятельность, activity）と「行為」（действие, action）とは，いかなる関係にあるのだろうか。ア・エヌ・レオンチェフやエル・エス・ルビンシュテインなどの活動理論を参考に作成された次の図8-1と図8-2は，この関係をわかりやすく説明している

図 8-1　活動の構造図

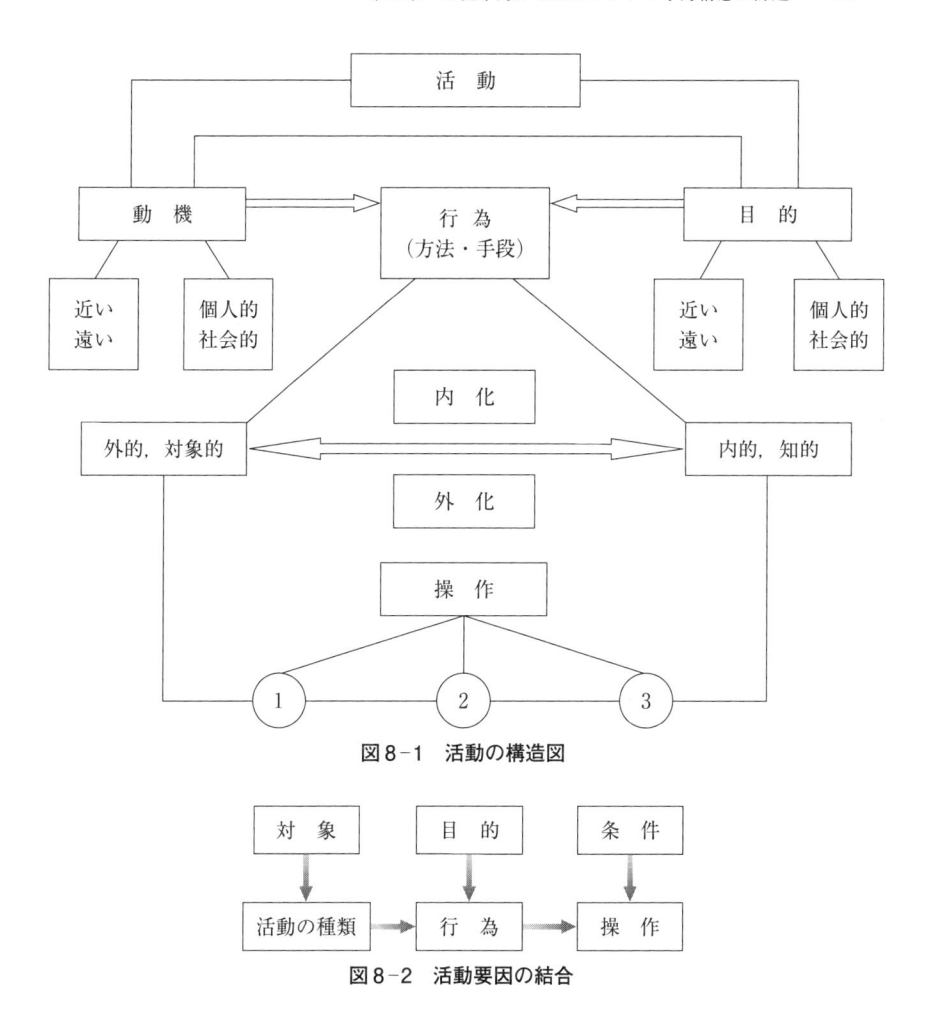

図 8-2　活動要因の結合

(Российская аккадемия естествознания, 2010, с. 3)。

　「活動」は，動機と目的に規定されて方法・手段を要請する「行為」に担われる。動機的・価値的モーメントは「行為」を主導し（個人・人格にかかわる普遍的学習行為），目的的モーメントは「行為」の内容（調整的普遍的学習行為，認識的普遍的学習行為，コミュニケーション行為）を選択し，方向づける。「行

為」は外的・対象的行為と内的・知的行為の相互作用の下で,「内化」(外的・対象的行為の獲得による内的精神構造の形成) と「外化」(行為の内的・制限的形態から発展的形態への転換) を通して人格が形成されていく。その際,「行為」は,さまざまな条件の下で具体的な「操作」(技術) によって遂行される。「操作的・技術的レベルにおいては,知識・技能・習熟がなければ何も得られない。従って,システム・活動アプローチはズーノフスキー・アプローチを拒否しない」(А. Г. Асмолов, 2009, с. 21)。

この「活動」をダヴィドフは,欲求－動機－課題－手段(課題解決の)－行為－操作という一連の流れで構造化しているが[11],基本的には図8-1・図8-2と同じである。注意すべきは,ア・エヌ・レオンチェフが指摘するように,人間の何らかの実践的または認識的積極性を意味する「activity」全般が「活動」なのではなく,「деятельность」とは現実の対象的変革と結びついたものを意味している点である[12]。

第4節　教科における普遍的学習行為の形成

(1)　普遍的学習行為と教科との結合

普遍的学習行為は,主要にはさまざまな教科の習得の文脈において形成される。普遍的学習行為と教科との結合の際に,システム・活動アプローチが前提としているのは,①教育目的とその達成方法を規定する活動の役割の重視,②生徒の年齢的・心理学的特質に応じた発達の考慮,③教育過程における参加者達の協働の役割の承認,④就学前から職業教育に至る継承性原理の重視である[13]。

「協働」の役割とは,ヴィゴツキーの「最近接発達領域」における主要概念であり,大人と子ども,子どもと子どもの協働により課題解決が高められることを意味する。「社会的構成主義」も知識や行為方法の習得は,個人的に行われるのではなく,他人との協働の過程で習得されることを前提としている。従

来の「学校学力」では，学習はあくまでも「個人的営み」であり，他人の助けなしで行われることを前提としている。入試などテストによる学力検定はその中心に位置する。これに対して，「社会的構成主義」は，現実の社会では，ほとんどの仕事（課題）が他人との協働による学習（アドバイス，補い合い，助け合いなど）によって解決されており，学習を「社会的営み」としてとらえるのである。その際，個人は意味生成の主体であり，学習は受動的なものではなく，能動的なものとされる。

　具体的に教科「まわりの世界」を事例として，普遍的学習行為の形成をどのように図ろうとしているのかを見ていくことにしたい。この教科では，たとえば「個人・人格に係わる普遍的学習行為」については，ロシア市民のアイデンティティ形成の基礎として，地図上のロシア連邦，連邦と構成主体の首都，国と郷土の歴史などをとおした誇りの感情の形成，エコロジーや自然保護の重要性の認識，個人と集団及び共同体の相互関係のなかでの倫理的行為の習得などがめざされる。その際，道具や情報手段を用いて記録・観察・測定などの操作技術の習得が行われる（Минобрнауки РФ, 2010, с. 107）。

　「認識的普遍的学習行為」の場合は，調査活動の初歩的形態の習得，さまざまな情報技術手段や情報を利用して探求する能力，置換（既成のモデルの利用）とシミュレーション行為の形成，外面的特徴や既知の特徴にもとづいて，生物と無生物を比較し，概念へと導き，類推し，分類する論理的行為の形成などが計画される（Минобрнауки РФ, 2010г. с. 107）。

(2)　ザンコフ教授法にもとづく第1学年用実験教科書『私とまわりの世界』

　エル・ヴェ・ザンコフ教授法にもとづくイ・ペ・トフピネツ著の第1学年用教科書『私とまわりの世界』（ロシア連邦教育省推薦，プラスヴェシェーニエ社，2002年）を取り上げ，教科書導入の部分「私たちをとりまく自然」を紹介しよう。日本の生活科と分野的には似ているが，目標や内容の教え方は大きく異なっている。2011年9月から使用される教科書ではないが，システム・活動ア

プローチ（発達促進的教授法）にもとづく実験教科書である[14]。

　授業の課題の一つは，自然物と非自然物を目的意識的に認識させ，自然の諸関係を解明する活動へと生徒を引き入れ，論理的行為の形成をはかることである。そのため，最初に子どもたちに教室の窓の方を見るように促し，彼らに見えるものをあげさせ，自然のどんな光景が好きか，生活のなかで自然とのどんな驚くべき出会いがあったかなど話をさせる。まわりの世界には，自然の事物・現象と自然とは関係のない事物，人間の手によってつくられたもの（設備，建物，製品など）が存在する。これらの事物について教科書の「故郷」の図（図8-3）を利用しながら，生徒たちは分類を行う。課題を遂行したあと，その課題について説明しつつ，クラスで討議する。その後，生物界と無生物界の事物の区別を行う。遂行した活動の点検のために，区別や分類について説明させ，絵や描画を用いて表現させる（Товпинец, 2001, с. 17）。

　『教師用指導書』では，どの授業でも教師は，生徒の注意をテーマに即した「支柱となる知識」と子どもたちが習得する必要のある「学習行為」に集中させなければならないとしている。「支柱となる知識」には，自然は太陽，空気，川，湖，山，森，木と草，動物と人間からなること，生きた自然（生物界）と死んだ自然（無生物界）に分類されることなどがある。教師は生徒の自主性を引き出しつつ，生物界と無生物界の事物を区別する活動を楽しく行うように進めなければならない。そのため，教科書を利用しつつ，生徒は教師の読むテキストの謎当てを行う。教科書の大部分は色鮮やかな絵，テーマ上の構図，まわりの世界や現象の描写などからなり，生徒の興味を引きつけ，自主的な活動が行えるように工夫されている（Товпинец, 2001, с. 17-18）。

　生徒の自主的活動は「支柱となる知識」に支えられて，比較→区別→概括→概念へと至る「認識的普遍的学習行為」の形成がめざされる。

　ザンコフ教授法の特質は，ヴィゴツキーの「最近接発達領域論」（教授の主導的役割論）と「子どもの認識活動の自主性」という原則に立っていることである。学校での科学的概念の教授は，子どもの生活的概念の一定の発達水準に

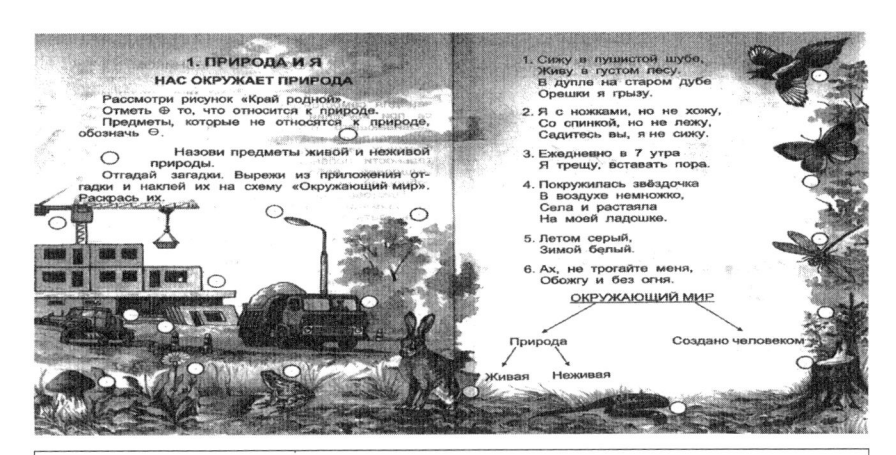

第8章　生涯学力からみたロシアの学力構想と課題　143

1. 自然と私		
私たちをとりまく自然「故郷」の絵をみてごらん。自然に属するものに＋印をつけよう。自然と関係のないものに－印をつけよう。生物と無生物をあげてみよう。 謎解きをしよう。付録から謎の答えを切り取ろう。それらを「まわりの世界」の図にはってみよう。それらに色を塗ろう。	1. ふさふさした毛皮を着て座っている。ふかい森に住んでいる。古いコナラの洞の中で、私はクルミをかじる。 2. 足はあるが歩かない、背中はあるが、寝はしない、あなたは座るが、私は座らない。 3. 毎朝7時に私は音をたてる。起きる時間に。 4. 空中で、少しだけ、星がくるくる舞った。私の手のひらに止まって消えた。	5. 夏に灰色になり、冬には白色になるもの。 6. ああ、私にさわらないで、火がなくてもヒリヒリさせる。 　　　まわりの世界 　　　／　　　＼ 　自然　　人間によってつくられる 　／　＼ 生物　無生物

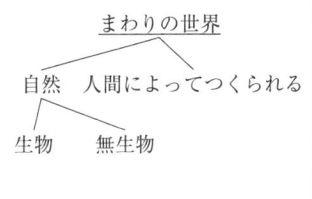

図8-3　自然と私「私たちをとりまく自然」

立脚して、科学的概念と生活的概念の相互作用、すなわち、上から下へ（科学→生活）の運動と下から上へ（生活→科学）の運動の結合を組織するものでなければならない。その際、科学的概念の教授は、生活的概念の一定の水準を前提とする発達水準（最近接発達領域）において行われる。ザンコフ教授法はこのようなアプローチにもとづき、教授内容、教授方法、学習組織形態をシステ

ム化することにより，子どもの人格的発達に最適の効果をもたらそうとする。

第5節　おわりに―日本の教育への示唆

「生涯学力」の視点から，以上のロシアの学力構想を評価すれば，それがきわめてシステマティックに構想されている点で「刺激的」である。「普遍的学習行為」(学ぶ能力)の育成と「知識・技能・習熟」の育成がシステム・活動アプローチのなかで統合されている。「個人・人格に係わる普遍的学習行為」の習得は，生涯にわたって学習課題に取り組む意欲の形成に連なるものであり，「調整的普遍的学習行為」や「認識的普遍的学習行為」は，前田の指摘する「自己学習に向かう力」の育成と関係している。また，それらの能力の獲得は，継承性の原理に立って，生涯にわたるスパンを視野に入れて構想されている。

しかしながら，不十分な点も見られる。学校・家庭・地域との連携の視点が弱いこと，2009年から義務づけられた統一国家試験を含んで実施されている教育の質評価システムにおける学力評価の規準がシステム・活動アプローチの重要な視点と対応していないことなどである。また，他者との協働における学習の組織論の弱さも垣間見える。ともあれ，以上のロシアにおける学力構想はその実現に向けて開始されたばかりであり，今後の展開が期待されよう。

岩﨑　正吾（首都大学東京）

注
1) 第4回・第5回・第6回日本学習社会学会課題研究「学習社会における『生涯学力』形成の課題」(I)(II)(III)(2007〜2009年)。日本学術振興会科研費補助金研究「生涯学力形成のメカニズムに関する比較研究」(2008〜2010年，研究代表者：佐藤千津)。第20回日本国際教育学会課題研究「生涯学力形成のメカニズムに関する比較研究」2009年。第5回東アジア大学院生国際シンポジウム（台湾行政院国家科学委員会）「生涯学力形成のメカニズムに関する比較研究」など。
2) 佐藤千津「生涯学力と学力政策―イギリスの学校における『拡張サービス』

(extended service) の取り組み―」『国際教育学の展開と多文化共生』（日本国際教育学会創立 20 周年記念年報），学文社，2010 年，99 頁を参照しつつ，筆者の方で拡張・再構成した．
3) Правительсево Российской Федерации, Распоряение о плание действий по модернизации общего образования на 2011–2015 годы, от 7 сентября 2010 г., No. 1507-р, "Вестник образования России", No. 21, ноябрь 2010 г., с. 13. を参照．
4) 2008 年の「第二世代のスタンダード」（案）では，基本教科課程は①の学校用については２つのタイプが示されており，全部で４タイプとなっていた．
5) Минобрнауки РФ, Приказ об учреждении и введении в действие федерального государственного образовательного стандарта начального общего образования, от 6 октября 2009 г., No. 373, с. 24. を参照．
6) Под редакцией А. Г. Асмолова, Как проектировать универсальные учебные действия в начальной школе, Москва《Просвещение》2008г. を参照．
7) これらの「普遍的学習行為」の詳細については，岩﨑正吾「学力政策と『普遍的学習行為』の形成」，前掲『国際教育学の展開と多文化共生』を参照のこと．
8) 「普遍的学習行為」のプログラム化に際して中心的役割を果たしたア・ゲ・アスモロフ教授への聞き取り調査から。2010 年 2 月 17 日，連邦教育発展研究所にて．
9) 駒林邦男『現代ソビエトの教授―学習諸理論』明治図書，1975 年．
10) ア・ゲ・アスモロフ教授への聞き取り調査から。2010 年 2 月 17 日，連邦教育発展研究所にて．
11) В. В. Давыдов, Деятельность//Российская педагогическая энциклопедия.-Т.1.-М., 1993. с. 264. を参照．
12) А. Н. Леонтьев, Деятельность, сознание, личность.-2-е изд., М., 1977. を参照．
13) Г. С. Батищев, Научные основы системно-деятельностного подхода. (http://moysosh3.ucoz.ru/ 2011 年 3 月 12 日検索)
14) 当該教科書の全面的分析は，岩﨑正吾「教科書『まわりの世界』の展開と特質」『ロシアの教科書制度と特色ある教科の教科書』（㈶教科書研究センター，2006 年）を参照のこと．

引用・参考文献

Под редакцией Асмолова А. Г., Как проектировать универсальные учебные действия в начальной школе, Москва《Просвещение》2008г..

Асмолов А. Г., Системно-деятельностной подход к разработке стандартов нового поколения. Педагогика, Изд.《Перемена》4 /2009г..

Кондаков А. М., Кузнецов А. А., Концепция федеральных государственных образовательных стандартов общего образования, Изд. Просвещение, М., 2008г..

中央教育審議会「初等中等教育における当面の教育課程及び指導の充実・改善方策について」（答申）2003 年

中央教育審議会「新しい時代の義務教育を創造する」（答申）2005 年

前田耕司「『学校』学力から『生涯』学力へ」東京都墨田区小学校 PTA 合同研究大会招待講演資料，2006 年

Минобрнауки РФ, Приказ об учреждении и введении в действие федерального государственного образовательного стандарта начального общего образования, от 6 октября 2009 г., No. 373.

Минобрнауки РФ, Стандарты второго поколения: Примерная основная образовательная программа образовательного учреждения, Начальная школа, 《просвещение》, 2010г..

Российская академия естествознания, Теоретические подходы к решению педагогических проблем на конкретно-научном методорогии, 2010г..

Товпинец И. П. и др., Окружающий мир: Методические рекомендации, Просвещение, 2001г..

索　引

―――――あ

アウトリーチ・プログラム　102
アクティヴ・ラーニング　84
アントレプレナーシップ教育　21
生きる力　28, 42, 45, 46, 48, 50, 54, 57-59
移行期の若者に関する実態調査(YITS)　104, 109
意思決定力　ii, 18, 23
移民の子ども　108
インターンシップ　6-8, 21, 22
OECD 生徒の学習到達度調査(PISA)　29, 98, 110
親子関係　120

―――――か

開発的学力向上プロジェクト　iii, 2, 26, 30-32, 34-37, 39, 40
学習意欲　86
学習状況　30, 33, 35, 36, 38
学習のためのアセスメント　87-90
学習プロフィール　36
学力観　98, 106, 109, 110
学力向上　45, 47
学力向上「新すみだプラン」　26, 27, 32, 35, 37-39
学力低下　28, 30
課題探求　71
学校活性化アンケート　57
活動　139
活動理論　138
環境教育　63, 64
キー・コンピテンシー　1, 5, 20, 22
教育専門監　57, 58
教材研究　71
教師との関係　121
教師の実践力　22

行政支援　69
共同学習　18
協働的な学び　85, 94
形成的アセスメント　87, 88
元気福井っ子新笑顔プラン　50, 51, 58
言語活動の充実　80
行為　139
高校修了率向上政策　101
構成主義　84
肯定的(な)感情　84, 86, 87
交流および協同能力　117, 118, 120
個人学習プロフィール　38
コミュニティ・スクール　21

―――――さ

最近接発達領域　140
ザンコフ教授法　142, 143
ジェームズ・ルース農業中等学校　ii, 12
思考力　78, 80
自己学習　23
自己肯定感　ii, 18, 19, 20, 22, 87
自己調整学習　86, 88, 92
自己有用観　18
システム・活動アプローチ　137
自然体験　20
社会的構成主義　17, 140, 141
社会的実践力　1, 22
社会的成功　99, 108, 109
習得型の教育　131
授業名人　52, 58
主体性・個性・自発性　115
　―の重視　115, 118
主体的な学び　89
生涯学力　i, ii, iii, 1, 19, 21-23, 37, 38, 40, 42, 45-47, 59, 82, 83, 94, 113, 114, 125-127, 129, 130, 144

少人数教育　55, 56, 58, 59
真正性　84-86, 93, 94
ズーノフスキー・アプローチ　132, 140
すみだ教育研究所　32
すみだ授業改善サイクル　34, 35
生活環境　120
生活体験　20
生活綴方　20, 22
全国学力・学習状況調査　45-49
全面的(な)発達　115, 116
創造的な学び　83
素質教育　114

──────た
体験活動の充実　80
確かな学力　26, 37-39, 42, 45-50, 130
地域社会　102-104
地域ボランティア　69
中国教育改革と発展綱要　114
TIMSS　29, 30
DeSeCo プロジェクト　1, 20
到達度試験　100, 109

──────な
内発的動機づけ　6
人間関係　120, 126
人間関係力　18, 22

──────は
バズセッション　7

ピア・サポート・プログラム　17
PISA　29, 30, 36, 98, 109, 110
PDCA サイクル　72
表現力　78, 80
福井型コミュニティ(ー)スクール　53
普遍的学習行為　136, 141
ふるさと教育　53, 54, 59
ポートフォリオ　72, 73
保護者ボランティア　69
本物の自然体験　66
本物の人物　68

──────ま
学び直し　69
水の学習　iii, 19, 22
「水」の総合学習　62, 71
メンター・プログラム　102

──────や
ゆとり教育　28

──────ら
ライフスキル　15, 16
リーダーシップ・プログラム　iii, 13, 16-18,
レリヴァンス　85
連邦国家教育スタンダード　132

〔編者紹介〕

前田　耕司
博士（教育学）早稲田大学
現職：早稲田大学大学院教育学研究科・教育学部教授
主な学会活動および社会的活動：日本学習社会学会会長，日本国際教育学会会長，日本社会教育学会常任理事，藤沢市生涯学習大学副学長，Monash University Visiting Scholar, Monash University Affiliate などを歴任
近著：『オーストラリア先住民族の主体形成と大学開放』明石書店，2019 年
Anderson, P., Maeda, K., Diamond, Z. M. and Sato, C. (eds.) (2021) *Post-Imperial Perspectives on Indigenous Education: Lessons from Japan and Australia*, London and New York: Routledge.

佐藤　千津
D.Phil. オックスフォード大学
現職：国際基督教大学教養学部アーツ・サイエンス学科教授
主な学会活動および社会的活動：日本国際教育学会会長，日本学習社会学会副会長，日本教師教育学会理事，神奈川県私立学校審議会委員など
近著：Kōminkan: its roles in education and community-building, Okano, K. (ed.) (2016) *Nonformal Education and Civil Society in Japan*. London and New York : Routledge.

学校学力から生涯学力へ
―変化の時代を生きる―

2011 年 6 月 10 日　第 1 版第 1 刷発行	編　著	前田　耕司
2021 年 1 月 30 日　第 1 版第 8 刷発行		佐藤　千津

発行者　田中　千津子　　〒 153-0064　東京都目黒区下目黒 3-6-1
　　　　　　　　　　　　電話　03（3715）1501（代）
発行所　株式会社　学文社　FAX　03（3715）2012
　　　　　　　　　　　　https://www.gakubunsha.com

© MAEDA Koji & SATO Chizu 2011　　　印刷　シナノ印刷㈱
乱丁・落丁の場合は本社でお取り替えします。
定価は売上カード，カバーに表示。

ISBN978-4-7620-2190-9